Sophus Bugge

Der Ursprung der Etrusker

Durch zwei lemnischen Inschriften erklärt

Sophus Bugge

Der Ursprung der Etrusker
Durch zwei lemnischen Inschriften erklärt

ISBN/EAN: 9783743694019

Hergestellt in Europa, USA, Kanada, Australien, Japan

Cover: Foto ©ninafisch / pixelio.de

Weitere Bücher finden Sie auf **www.hansebooks.com**

Der Ursprung der Etrusker

durch

zwei lemnische Inschriften erläutert

Von

Sophus Bugge

(Christiania Videnskabs-Selskabs Forhandlinger 1886. No. 6)

Christiania

In Commission bei Jacob Dybwad

A. W. Brögger's Buchdruckerei

1886

Der Ursprung der Etrusker durch zwei lemnische Inschriften erläutert.

Von

Sophus Bugge.

(Vorgelegt in der Sitzung 2. April 1886)

Am 24ten März empfieng ich vom Hrn. Michel Bréal zwei Blätter des *Bulletin de Correspondence hellénique*, X, welche die hier wiedergegebenen Zeichnungen eines Basreliefs mit Inschriften aus Lemnos enthalten. Das Denkmal, welches diese Inschriften zeigt, ist ein Stein, der in dem Dorfe Kaminia an der südöstlichen Seite der Insel gefunden ist. Dies Dorf ist eine und eine halbe Stunde vom nächsten Strande entfernt. Wegen dieser Entfernung und wegen des Gewichts des Steins darf, wie der französische Bericht hervorhebt, nicht vermutet werden, dass der Stein anderswoher nach dem Fundorte überführt sei.

Es ist ein schwerer rechtwinkliger Block von gelblichem, porösem Steine, regelrecht behauen, am unteren Teile ein wenig abgebrochen. Höhe 0,95 m., Breite 0,40 m., Dicke 0,14 m.

Der Stein trägt zwei Inschriften. Die eine, welche ich als a bezeichne, ist an der einen breiten Seite des Steins eingehauen; dieselbe umgiebt den Kopf eines Kriegers, der eine Lanze in der Hand hält. Die andere Inschrift, b, ist an einer Seitenfläche rechts von der vorhergehenden eingehauen.

Die Inschriften sind in dem griechischen Alphabete, allein in einer fremdartigen Sprache abgefasst.

Das Facsimile ist nach einem Abdrucke gegeben; daneben sind Varianten aus zwei Abschriften angeführt. Die mir ge-

1*

schickten Blätter enthalten eine Lesung der Inschrift von Bréal nebst Bemerkungen über das Alphabet. Wie ich aus dem Schluss des zweiten Blattes ersehe, folgten darnach einige Bemerkungen über den Text der Inschriften. Allein von diesen habe ich nur die erste gesehen: „ϕϽϰε findet sich am Anfang des ϕϽϰιαϚιαλε wieder." Ich weiss also nicht, wie Bréal das Alter und die Sprache der Inschriften bestimmt, auch nicht, wie er den Inhalt derselben versteht.

Ich gebe im folgenden die Lesung Bréals, indem ich statt der von ihm angewandten griechischen Buchstaben lateinische einsetze:

a.

holaie ⋮ *z* ⋮ *naϕoϑ*
ziazi :
maraz ⋮ *mav*
sialχvei [:] *z* ⋮ *avi* : *z*
evisϑo ⋮ *zcronaiϑ* [⋮]   5
zivai
vamalasial ⋮ *zeronai* ⋮ *morinail*
aker : *tav* [:] *arzio*

b.

ho[l]air[z]i : *ϛokiasiale* ⋮ *zcrozaiϑ* : *evisϑo* : *tovero[m]a-*
rom : *haralio* : *zivai* : *ep[t]ezio* : *arai* : *ti*⁎ : *ϛoke* :
zivai : *aviz* : *sialχviz* : *mara*⁎*m* : *aviz* : *aomai*

Das eingeklammerte ist nach den Abschriften aufgenommen, während der Abdruck hier abweicht.

Die Schriftzüge beider Inschriften sind sehr sorgfältig und deutlich ausgeführt; die grössten Buchstaben sind 0,05 m. hoch. Die Schrift ist im ganzen sehr tief, und die meisten Buchstaben lassen sich leicht lesen.

Die Reihenfolge der Zeilen ist von Bréal richtig angegeben worden. In der Inschrift a soll man zuerst die Zeile rechts lesen, welche von rechts nach links geht. Die Fortsetzung der Schrift folgt dann oben in den horizontalen Zeilen. In diesen Zeilen, die βουστροφηδόν geschrieben sind, fängt man mit *ziazi*: an und endet mit *zivai*. Nach diesem Worte liest man die Zeile, welche der Lanze am nächsten ist, von rechts nach links; endlich die Zeile, welche dem Gesicht am nächsten ist, ebenfalls von rechts nach links.

Die Inschrift b ist furchenförmig geschrieben. Die Zeile, welche mit *crona*- endet, hat die Buchstaben im Verhältniss zu denen der beiden anderen Zeilen oben nach unten gekehrt. Bréal vergleicht damit Roehl I. G. A. 340; eine Inschrift aus Delos, Bull. de Corr. hellén. III, 3 f. Die folgenden Abweichungen der Abschriften von der nach dem Abdrucke ausgeführten Zeichnung werden in der französishen Ausgabe angeführt.

a 3. Der Abdruck und die eine Abschrift haben *maraz*; die andere Abschrift *mara* ⌞. b 3 hat nur eine Abschrift *marazm* mit dem in der Inschrift gewöhnlichen Zeichen für *z*.

a 5. Beide Abschriften haben : nach *zeronaiϑ*, während die Punkte in dem Abdrucke nicht erscheinen.

a 8. Zwischen *v* und *a* haben beide Abschriften zwei Punkte (:), welche in dem Abdrucke nicht vorkommen.

b 1. Der Stein ist in der Ecke rechts am Anfang der Inschrift b ein wenig beschädigt. Daher ist nach *holaie* a 1 der dritte Buchstabe des ersten Wortes von Bréal als *l* restituirt. Auch vermutet er nach *holaie*, dass der sechste Buchstabe desselben Wortes nicht als *v*, sondern als *c* gelesen werden soll.

b 1. Der Abdruck hat *crona*, beide Abschriften *croma*, was Bréal einsetzt.

b 2. Nach *p* haben beide Abschriften T; die drei Punkte des Abdruckes sind die Reste dieses Buchstabens.

b 2. Am Schluss der Zeile giebt das Facsimile und die eine Abschrift einen Zug, der nach dem französischen Herausgeber vielleicht der Rest eines verschwundenen Buchstabens ist.

Das Alphabet der Inschrift a weicht bei einigen Buchstaben

von dem der Inschrift b ab. So hat a für *o*, ϑ, φ runde, b
eckige Formen. Nur in b kommt die dreistrichige Form des *s*
neben der vierstrichigen vor.

⊟ in b entspricht dem ⊕ in a.

⊡ in b bezeichnet φ.

↳ und ↳ bezeichnen z.

Die oben mitgeteilten Bemerkungen verdanke ich sämmtlich
der französischen Ausgabe der Inschriften. Die folgenden
Bemerkungen sind von dieser unabhängig.

Kirchhoff hat in seinen trefflichen Studien zur Geschichte
des griechischen Alphabets alle griechischen Alphabete, ausser
dem alten Alphabet von Thera, Melos und Kreta, in zwei Gruppen,
eine „östliche“, welche die ursprünglichere ist, und eine „west-
liche“, gesondert. Unsere Lemnos-Inschriften wenden Υ für χ
an und erweisen sich dadurch als der „westlichen“ Gruppe angehörig, während man auf Samothrake das „östliche“ Alphabet
angewendet findet (Kirchhoff S. 31—33).

Die Inschrift a stimmt, wie schon gesagt, in Betreff der Buchstabenformen nicht überall mit der Inschrift b überein. Jedoch
müssen beide fast gleichzeitig sein. Dass a zuerst eingehauen ist,
wie auch Bréal annimmt, scheint bereits daraus hervorzugehn, dass
a, wie man aus der Anbringung derselben um den Kopf des
Kriegers folgern darf, mit dem Basrelief gleichzeitig ist. Auch
der Inhalt wird zeigen, dass a zuerst geschrieben ist. Eine Person *holaie* ist in beiden Inschriften genannt. a ist die Weihinschrift eines von ihm errichteten Altars, und dieser Altar wird
in b als schon vorhanden erwähnt. Der in b genannte Aviz
Sialχviz ist gewiss ein Verwandter (vielleicht Sohn oder Bruder)
des in a genannten Z. Sialχviz. Wenn b, obgleich jünger, mit
a fast gleichzeitig von einer anderen Hand eingehauen ist,
wird man es wenig auffallend finden, dass die der Inschrift
b eigentümlichen Buchstabenformen zuweilen ursprünglicher
als die von a sind. Als paläographische Merkmale des Alters
der Inschriften hebe ich die furchenförmige Richtung der
Schrift und die altertümliche Form der Buchstaben, namentlich

das geschlossene *h* hervor. Dies gestattet es nicht, die Inschriften später als in's 6te Jahrh. v. Chr. zu verlegen. Im folgenden werde ich durch andere Gründe die Zeit der Inschriften näher bestimmen. Auf das sechste Jahrhundert weist ferner die Form des ϑ mit Binnenkreuz in a hin (siehe Kirchhoff S. 81). Das Kreuz ist teils senkrecht gestellt, was die ältere Form ist, teils schräge. Bemerkenswert ist die eckige Gestalt des ϑ □ in b. Damit vergleiche man die Form ⊡ in einer boeotischen Inschrift, womit Deecke (Müller Etrusker II, 515 f. und Zeitschr. d. deutsch. morg. Gesellsch. XXXI S. 102 Taf. I) die assyrische hieratische Keilschriftform ⊡ (mit der Bedeutung *tip, dip*) zusammenstellt.

Z ist in a ⟲ (von rechts nach links geschrieben) und ⟳ (bei der umgekehrten Richtung der Schrift). In b kommt 7mal wesentlich dieselbe Form vor. In *holaivzi* oder richtiger *holaievzi* ist bei dem *z* oben ein Strich wegen der Beschädigung des· Steins weggefallen. In dem ersten *aviz* b 3 hat *z* links zwei Striche, über welche, wohl zufällige, Abweichung in der französischen Ausgabe nichts bemerkt wird. In *ti*⋆ b 2 ist die Bedeutung des dritten Buchstabens von Bréal nicht bestimmt worden. Diesen Buchstaben lese ich *z*. Bréal meint, dass der fünfte Buchstabe von *mara.m* b 3 eine andere Form desselben Zeichens ist; auch diesen lese ich *z*. Die hier vorkommenden Formen des Zeta erinnern an Formen mit der Bedeutung *zur* auf assyrischen Siegeln und Gemmen, mit welchen Deecke das griechische Zeta mittelbar zusammenstellt.

Auch die eckige Form des *o* und des ϙ in b ist altertümlich, obgleich die runden Formen hier urgriechisch sind. Die eckige Form des *o* findet sich auch in Boeotien, die des ϙ in Elis.

a 1 hat in *naϙoϑ* ein punktirtes *o*; dies werde ich später besprechen.

Bei der Richtung der Schrift von rechts nach links geht sowohl in a als in b der innere Querstrich des *a* von links unten nach rechts oben. Dies ist, wie Deecke (Müll. Etr. II, 514) erkannt hat, die ursprünglichste griechische Form des *a*.

Bei *e* haben die Querstriche, dagegen nicht der Hauptstab, eine schräge Stellung. Die grade Stellung ist die spätere (De. Müll. II, 515).

Altertümlich ist die dreistrichige Form des *s* in b. Auch die regelmässige Worttrennung durch zwei oder drei Punkte ist in dieser Verbindung anzuführen.

Überhaupt giebt wohl diese lemnische Schrift eins der ältesten Beispiele des „westlichen" griechischen Alphabets. Dagegen ist das hier angewendete Alphabet, das für φ und χ eigene Zeichen hat, weniger altertümlich als das älteste Alphabet von Thera, Melos und Kreta; diejenigen Inschriften von Thera und Melos, welche noch nicht φ und χ kennen, gehören nach Kirchhoff der zweiten Hälfte des siebenten Jahrhunderts an.

Ypsilon kommt in den lemnischen Inschriften nicht vor; in Lehnwörtern aus dem Griechischen werden wir hier *o* finden, wo im Griech. υ geschrieben wird. Dasselbe findet im Messapischen Statt. Hieraus ist nicht zu folgern, dass das Alphabet aus dem griechischen vor der Erfindung des Ypsilon übertragen wurde, sondern vielmehr, dass ein Vocal, der wie gr. υ gesprochen wurde, der Sprache der Inschriften fehlte.

b, *d*, *g* erscheinen auch nicht in diesen Inschriften, wie diese Buchstaben gleichfalls in der etruskischen Schrift fehlen. Ob dies Fehlen bei *b* und *g* zufällig ist oder nicht, lässt sich nicht bestimmen, da weder *b* noch *g* in diesen Inschriften durch das Zeichen eines anderen Lautes vertreten scheint. Vor *i* ist ein ursprüngliches *d* zu *z* in *zivai*, *arzio*, *ziazi* assibilirt. Allein die Inschriften zeigen uns nicht, wie das *d* vor anderen Lauten in dieser Sprache und dieser Schrift behandelt wurde. Über die Bedeutung des *z* werde ich bei der Deutung sprechen. Über die Schrift hier nur noch die Bemerkung, dass *e* und *o* sowohl kurz als lang sind; vgl. jedoch die Bemerkung im folgenden bei ναφοθ über das punktirte *o*.

Die Sprache der Inschriften ist offenbar ungriechisch. Eine in derselben Sprache abgefasste Inschrift kommt, soviel ich weiss, auf keinem anderen in Griechenland gefundenen Denkmale vor. Welche Sprache ist dies? Da der Stein, wie schon gesagt, nicht von einem anderen Orte dorthin gebracht sein kann, haben wir allen Grund anzunehmen, dass die Inschriften in einer auf Lemnos einheimischen Sprache abgefasst sind. Nun zeigt

die Schrift, dass das Denkmal aus dem 6ten Jahrh. stammt, und
im 6ten Jahrh. bewohnten nach den Zeugnissen der Alten tyrrhenische Pelasger Lemnos. Alles deutet also darauf hin, dass
die Sprache der Inschriften die tyrrhenische ist. Die Alten
hielten aber die griechischen Tyrrhener nicht für ein anderes
Volk als die italischen Tyrrhener, die Etrusker. Es entsteht
also die Frage: ist die Sprache der hier mitgeteilten lemnischen Inschriften, welche tyrrhenisch genannt werden darf,
mit der etruskischen verwandt? Diese Frage werde ich durch
die folgende Deutung der Inschriften beantworten.

holaie. Familienname im Nomin. sing. masc. Derselbe
Name erscheint b Z. 1 im Gen. *holaivzi,* gewiss richtiger *holaiezi.* Dort wird der Gen. ςokiasiale beigefügt, wodurch *holaie*
als ein P h o k a e e r bezeichnet wird. Sein Name muss also die tyrrhenische Umbildung eines griechischen Namens sein. *holaie* scheint
mir gr. Ὑλατος. Dies findet sich als Name eines Kentaurs, also
vom Appellativum ὕλη; den Namen des Phokaeers erkläre ich
vom Stadtnamen Ὕλη, der sich sowohl in Kypros als in Boeotia
findet. In *holaie* entspricht tyrrhen. *o* einem gr. υ, wie in
morinail a 6 von Μυρίνα.

Die Endung *-aie* des Nomin. *holaie* kommt auch im Etrusk.
als Wiedergabe des gr. -αιος vor: *asklaie* F. 2753 bis =
Ἀσκλαιος, *purenaie* F. 2404 = Πυρηνατος (De. Bezz. Beitr. II,
175 f.). Daneben *-ae* : *parþanapae* F. 1070 Παρθανοπατος. Auch
sonst bilden im Etrusk. masculine *o*-Stämme sowohl von echt
etruskischen als von entlehnten Wörtern den Nom. sg. auf *-e.*
So z. B. von Vornamen *avile, aule* (Stamm *avilo-*); *cac* statt
caic (Stamm *caio-*); *tite* (Stamm *tito-*). Beinamen: *clauce*
γλαυκος; *calc* Gallus; *creice* Graecus; *palpe* balbus. Von Gentilnamen auf *-ie*: *cafate,* lat. *Cafatius*; *lecne,* lat. *Licinius*; *tite,*
lat. *Titius,* auch *titie.* Bei *io*-Stämmen scheint das *e* des Nominatives nicht auffallend, wenn man z. B. oskische Nominativformen wie *minies, silies, statie,* sabell. *alies, ponties,* volsk.
cosuties, tafanies vergleicht. Allein warum fehlt bei *holaic* die

Nominativendung -*z*, während dieselbe bei *maraz, aviz, sialχviz* erscheint? Und wie ist das *e* bei etr. *o*- (nicht *io*-) Stämmen (*avile, clauce* u. s. w.) zu erklären? Indogermanischem ŏ entspricht regelrecht etr. ä : etr. *naϑum* vgl. lat. *nox, noctis, noctua*; etr. *raϑumsna*, etr.-lat. *Ratumenna* vgl. lat. *rota*; etr. *tarsu* vgl. umbr. *tursa* statt * *torsa*; etr. -*ana* (z B. *husrnana*) = lat. -*anu-s*. Jene Nominativformen von *o*-Stämmen erkläre ich so: *avile, tite, clauce, creive* u. s. w. sind formell ursprüngliche Vocativformen, nicht Nominativformen, und obgleich ein lautlicher Abfall des auslautenden *s* sich im Etr. nicht leugnen lässt, darf die Abweichung des tyrrh. *holaie* (ohne *z*) von *sialχviz* u. m. (mit *z*) aus dem Einfluss der Vocativform erklärt werden. Auch bei den etr. Gentilnamen wird die Vocativform zum Sieg der vocalisch auslautenden Nominativform beigetragen haben. Eben bei Namen ist es leicht erklärlich, dass die Rufform die Stelle des Nominatives einnimmt. Ähnliches lässt sich in andern Sprachen nachweisen. Lat. *Juppiter* ist formell Vocativ, nicht Nominativ (Havet Mémoires de la soc. de ling. V, 120 f.). Die griechischen masculinen Vocative wie εὐρύοπα, μητίετα übernahmen in mehreren Mundarten bei formelhaften Verbindungen, namentlich vor Eigennamen, auch nominativische Function (G. Meyer Griech. Gr. 278 f., Brugmann Gr. Gr. 57). Russ. *batjusko*, der Vocativ von *batjuska*, Väterchen, fungirt zugleich als Nominativ (Brugmann in Techmers Zeitschr. I, 248).

Nach *holaie* folgt *z* allein zwischen zwei Trennungszeichen; dies zeigt, dass hier eine graphische Abkürzung vorliegt. Da *z* nach einem Namen folgt, müssen wir darin das Siglum eines Vornamens sehen. Das Namensystem der Tyrrhener war dasselbe wie das der Etrusker und der Italiker; die Person wurde durch einen Vornamen und einen Familiennamen bezeichnet. Der Vorname ist hier, wie bei den Etruskern so oft, nachgestellt.

Anlautendes *z* wechselt im Etr. mit *s'* und *s* (Pauli St. V, 19 ff.). In der Nominativendung -*z* und in der Genitivendung -*zi* entspricht tyrrhen. *z* dem etr. *s, s'*. Daher entspricht das tyrrh. Siglum *z* dem etr. *s*, südetr. *s'*, dem Siglum des Vornamens *seϑre, s'eϑre*. Die tyrrhenische Namensform lässt sich nicht genau bestimmen; dieselbe war

wahrscheinlich altertümlicher als die etruskische. Dies Siglum
erscheint noch zweimal in den lemnischen Inschriften: *sialχvei* : *z*
: *avi* : : *a* 4. Die Anwendung dieses Siglums, sowie der Umstand, dass der eine in den lemnischen Inschriften erscheinende
Vorname drei verschiedenen Personen zukommt, der andere Vorname (*aviz*) zwei Personen, weist auf einen fixirten engeren Kreis
der Vornamen hin, wie im Etruskischen und in den italischen
Sprachen.

Der Mann, dessen Namen ich hier bespreche, wird b 1 als
ein Phokaeer bezeichnet. Er war also ein tyrrhenisirter Grieche;
seinen griechischen Namen ʽΥλαιος behielt er in tyrrhenisirter
Form als Familiennamen und bekam daneben einen tyrrhenischen
Vornamen. Ähnlich behielten die Fremdlinge, welche als römische Bürger naturalisirt wurden, ihren ursprünglichen Namen als
Cognomen, nahmen aber daneben das Praenomen und das Nomen
desjenigen Römers, dem sie das Bürgerrecht verdankten, an; z.
B. *C. Valerius Caburus*.

naϙoϑ, d. h. *nepos*; Nom. sg. m., Apposition zu *holaie z*. ϙ
ist hier zwischen zwei Vocalen durch Aspiration aus *p* entstanden. Analoge Erscheinungen kommen im Etr. vor : z. B. *ϑeϑis*
= Θέτις; *cluϑumusta* = Κλυταιμνήστρα, *ziχu* neben *zicu*, *afrs* = lat.
apros. Siehe De. Müll. II, 414 ff.; Bezz. Beitr. II, 184; Gött. Anz. 80
S. 1429. Mit dem ϑ am Wortende von *naϙoϑ*, welches aus *t* durch
Aspiration entstanden ist, vgl. z. B. etr. *zilaϑ* neben *zilat*. Das *o* von
naϙoϑ hat einen Binnenpunkt. In alten Inschriften aus Thera
findet sich das punktirte *o* als Bezeichnung des ω (Kirchhoff Stud.
z. Gesch. d. gr. Alph. S. 51 f.). Darnach vermute ich hier *naϙöϑ*,
obgleich diese Bezeichnung des langen *o* in der Inschrift nicht
durchgeführt ist. *naϙöϑ* ist aus einer Grundform *népöt* = ind.
nápät ohne die Nominativendung *s* entstanden. Dieselbe Grundform wird vom ahd. *nefo* vorausgesetzt; siehe Osthoff Morph.
Unt. IV, 172 Anm., Perfect. 600; Mahlow AEO 97; J. Schmidt
Z. f. vgl. Sprachf. XXVI, 345. Die Änderung des ursprünglichen
e von *nepöt* in das *a* von *naϙöϑ* ist vielleicht durch das folgende
ö bewirkt, wie *e* im Etr. einem folgenden *a* assimilirt werden
kann, z. B. *tala* auf einer Steinscheibe von Telamon. Etr. *nacnva*

„Gruft" scheint aus * *necuna* entstanden. *nepos* lautet im Etr. *nefts* G. 799 Z. 2, *nefts'* F. 1033 bis E a und E b. Diese Formen sind weniger ursprünglich als *naçöð* sowohl dadurch, dass sie das lange *o* aufgegeben, als dadurch, dass sie nach anderen Declinationsclassen die Nominativendung *s* angenommen haben. Jedoch finden sich auch im Etr. Nominative auf ð: *zilað*, *zatlað*, *aminð* u. m. Etr. *nefts*, *nefts'* sind dadurch, dass sie das *e* erhalten haben, ursprünglicher als tyrrh. *naçöð*. Im etr. *nefts* haben Deecke und ich (Beitr. 99) ein echt etruskisches Wort gesehen; diejenigen Gelehrten, welche die indogermanische Herkunft der etr. Sprache leugnen, haben dagegen behauptet, dass *nefts* ein Lehnwort aus dem Italischen sei. Diese Behauptung wird sich wohl jetzt, da wir *naçöð* in der östlicheren Heimat der Tyrrhener finden, nicht mehr aufrecht halten lassen.

ziazi ist, wie aus *naçöð*, d. h. nepos, erhellt, der Name des Grossvaters im Genetiv. *ziazi* zeigt dieselbe Genetivendung -*zi* wie *holaivzi* oder richtiger *holaiezi* b 1 (Nomin. *holaie*). Damit vergleiche man die etruskischen Formen auf -*si*, -*s'i*, welche als Genetiv und Dativ fungiren: *aleðnasi*, *sucitusi* u. s. w. (Pauli Etr. St. V, 47 ff.). Als Nominativ zu *ziazi* vermute ich * *ziaz*. Da *holaie* b 1 ein Phokaeer genannt wird, ist es wahrscheinlich dass sein Grossvater ein Grieche war. Daher vermute ich in *ziazi*, Nomin. * *ziaz* die tyrrhenische Umwandlung eines griechischen Namens.

In *zivai* a 5 und b 2, 3, *arzio* a 7 ist *z* vor *i* durch Assibilation aus *d* entstanden. Daher finde ich in *ziazi*, Nomin. * *ziaz* den griech. Namen Ϳίας, Gen. Ϳίαντος. Ϳίας wurde tyrrhen. * *ziaz* (vgl. etr. *aivas* Αἴας, *χalχas* Κάλχας), und davon wurde nach der Analogie der masculinen Namenstämme auf -*a* der Gen. *ziazi* gebildet. Eine ganz analoge Änderung der Flexion finden wir im alten Latein, wo Acc. *Calcham*, Gen. *Calchae*, Abl. *Calcha* flectirt wurde.[1]) Probus führt als lateinische Genetivformen *Mimae*, *Athamae* an.

---

[1]) Αἴας ist lat. *Ajax* geworden. Diese Änderung erkläre ich als eine Umdeutung, welche durch den Gedanken an den lokrischen Ajax, der wegen seiner Prahlerei von den Göttern bestraft wurde, hervorgerufen ist. Die

ziaz ist hier der Grossvater eines Phokaeers; *Ἰας* kommt auf Euboea und in Ephesos vor. *Ἰας* ist also in allen drei Fällen ein ionischer Name.

Nur der Grossvater, nicht der Vater, ist hier genannt. Dies konnte natürlich aus verschiedenen Gründen leicht geschehen, so z. B. wenn der Grossvater ein besonders angesehener Mann, oder wenn der Vater früh gestorben war, während der Grossvater noch lebte und den Enkel erzog. Analogien kommen in lateinischen Inschriften vor. So z. B. Corp. Inscr. Lat. X, 1779 (Puteoli): *T(ito Fl(avio) Antonino nep(oti) Fl(avii) Antonin(i)*; CIL. VIII, 7804 (Numidia): *Terentia Lucidae nepos.*

maraz verstehe ich als Beamtentitel im Nom. sg. masc., Apposition zu *holaie z.* Das Wort ist offenbar mit dem etr. Beamtentitel *maru, marunu, marnu* verwandt. Dieser bezeichnet „magistratus" oder „curator"; siehe namentlich De. Fo. VII, 22—27. Auch im Umbr. kommen *marones* vor. Der tyrrh. Form steht etr. *marvas* in der bei De. Fo. VII, 21 mitgeteilten Inschrift am nächsten. Dies *marvas* habe ich „war *maru*" gedeutet, Deecke dagegen als Nebenform zu *maru*, und diese letztere Deutung wird durch das tyrrh. *maraz* gestützt. Man leitet etr. *maru* von der Wurzel *smer-* „sorgen, gedenken" (wovon μέριμνα) ab. Eine andere Möglichkeit scheint die zu sein, dass das Wort mit gall. *maro-s,* altir. *mór, már,* cymr. *maur,* gross, verwandt ist.

Etr. *marvas* scheint nicht die ursprünglichere Form des tyrrh. *maraz,* denn *v* ist vor *a* in *zivai* erhalten. Vielleicht ist das *v* von *marvas* aus dem *u* von *maru* übertragen. *maráz* scheint ein *o*- Stamm. Das zweite *a* scheint hier aus ŏ entstanden wie die zwei ersten *a* von *vamalasial*, und wie etr. *a* regelrecht dem indogermanischen ŏ entspricht.

Mit dem *z* von *maraz* vergleiche man das *z* von *sialχviz* (neben *sialχvei* a 4) und *aviz* b 3. *z* ist in diesen drei Wortformen die Nominativendung. Es entspricht die tyrrh. Nominativendung *z* der etruskischen *s, s'.* Da die Nominativendung *z* osttyrrhenisch ist und hier sowohl bei Appellativen als bei

Form *Ajax* ist durch die Anknüpfung an das lat. *ajo* und an das lat. Suffix -*ax* bestimmt worden. Vom Nominative gieng die lat. Flexion des Namens aus.

Namen vorkommt, ist dadurch der Beweis geliefert, dass die
etrusk. Nominativendung *s*, *s'*, wie von Corssen, Deecke und
mir hervorgehoben, echt etruskisch und nicht, wie Schäfer (in
Pauli Altit. Stud. II S. 1—73) meint, aus dem Italischen entlehnt ist. Das *z* der tyrrh. Nominativendung war in der Aussprache gewiss ein tönendes *s*, wie gr. ζ in Ζμύρνη das tönende
s bezeichnet.

Vielleicht darf man *maraz* „höchster Beamte" übersetzen.
Nach *eptezio arai* b 2 vermute ich, dass Holaie in Hephaestia
wohnte. Er war also wohl *maraz* „höchster Beamte" der Hephaestier.

mav. Um die Bedeutung dieses Wortes zu finden müssen
wir zuerst die folgenden Wörter betrachten:

sialχvei : z : avi : z

Hier haben wir zweimal denselben Vornamen, der nach
holaie vorkommt. Also sind *sialχvei* und *avi* Familiennamen.
Die Vergleichung von *sialχviz* und *aviz* b 3, worin wir Nominative finden werden, zeigt, dass *sialχvei* und *avi* nicht Nominative sind.

Der Name *sialχviz* darf nicht als eine tyrrh. Umbildung des gr.
Ἰάλκης gefasst werden; denn dafür müsste man im Tyrrhen. ein
anlautendes *zi*- erwarten. Auch ist *sialχviz* kaum ein echt griechischer Name auf -άλκης mit dem boeot. — lakon. Stamme σιό- = θεό-.
Ich vermute in *sialχviz* vielmehr einen thrakischen, nicht tyrrhenischen, Namen. In Betreff der Endung vergleiche ich Σιτάλκης
oder Σιτάλκας, das öfter als thrakischer Name vorkommt, und
Ῥοιμητάλκας oder Ῥυμητάλκης, den Namen eines thrakischen
Königs. Ferner vgl. Σευάλκης, den Namen eines persischen
Heerführers bei Aeschylos; der Name ist, wie aus dem λ hervorgeht, nicht eigentlich persisch, vgl. tanait. Σίαυλκος (Mül-
lenhoff über die Herkunft und Sprache der pontischen Scythen
und Sarmaten Monatsber. d. Berl. Acad. 1866 S. 567 f.).[1]) Über
das Etymon von *sialχviz* schweige ich lieber; die Ähnlichkeit

---

[1]) Vgl. auch Keiper: Die Perser des Aeschylos als Quelle für persische
Altertumskunde (1877) S. 103, wo Σευάλκης als griechischer Name von
σευάω abgeleitet wird.

mit Σιαλέται, dem Namen eines thrakischen Volkes (vgl. De.
Rh. Mus. X. F. XXXVI, 595), ist vielleicht nur zufällig.
Die Lautverbindung im Inlaute von *sialχviz* hat ganz etruskisches Gepräge, vgl. etr. *velχa, velχna, ϑanχvil, aprinϑvale.* In
den etr. Lehnwörtern *metvia* Μήδεια und *latva* Λήδα erscheint
ein *v*, das in den entsprechenden griech. Namen nicht nachgewiesen ist, wie in *sialχviz* im Gegensatz zum thrak. — αλκης.
aviz kommt b 3 zweimal als Praenomen vor, während *avi* a 4
als Nomen gebraucht ist. Die Anwendung als Vorname beweist, dass *aviz, avi* echt tyrrhenisch ist. Man vergleiche hiermit
etr. *avi* F. 2224, auf einem Gefässe allein geschrieben, wie in
römischer Schrift *avio* F. 2225. Etr. *aviparpu* F. 2409 (auf
einem Gefässe) ist wahrscheinlich *avi parpu* (d. h. lat. *barbo?*)
zu teilen. Verwandt sind wohl die etr. Namen *aveies* (Verf.
Bezz. Beitr. X, 105), *aveis', aveinas.* Es ist zweifelhaft, ob
tyrrh. *aviz* wie der etr. Vorname *avile, aule* auf ein dem lat.
avus entsprechendes Wort zurückgeht. Vielleicht entspricht in
aviz das *a* vielmehr einem ital. ŏ. Dann darf man den Vornamen
(bei den Samnitern) und Familiennamen *Ovius* (von *ovis* Schaaf)
vergleichen. Etr. *auvi* Magl. deutet Deecke = lat. *oves.*

Es gilt nun, das grammatische und logische Verhältniss
zwischen *holaie*· und den beiden anderen hier genannten Männern
zu bestimmen. Der Beamte *holaie,* dessen Name Subject ist,
muss die Hauptperson sein, welche die im folgenden zu bestim-
mende Handlung ausgeführt hat. Da mit Bezug auf diese
Handlung zwei andere Personen neben ihm in einem cas. obliq.
genannt sind, scheint nur das folgende Verhältniss hier wohl
denkbar: *holaie* hat die Handlung in Verbindung mit *sialχviz*
und *aviz* ausgeführt. *mav* muss also eine Präposition sein und
„zusammen mit" „in Verbindung mit" bedeuten.

Welchen Casus haben wir nun in *sialχvei* und *avi* zu sehen?
Die Endung -*ei* von *sialχvei* lässt wohl nur die Deutung als
Dativ oder Locativ zu. Im Griech. und anderwärts fungirt der
Locativ zugleich als Dativ. Die ursprünglichste der jetzt nach-
weisbaren Locativendungen ist bei den griech. ι- Stämmen, z.
B. πέλι-ς, nach der Begründung Joh. Schmidts (Z. f. vgl. Sprachf.

XXVII, 277) -ηϊ : πόλη̈, woraus att. πόλη, πόλει. Ebenso deutet
Schmidt den got. Dativ *anstai* (Stamm *ansti-*) aus *anstēi.* Hiermit stimmt, wie es scheint, der tyrrhen. Dativ *sialχvei* überein;
vgl. die Dativendung *-ai* in *zivai,* welche etymologisch als *-ãi* aufzufassen ist und so vielleicht noch zur Zeit der Inschrift gesprochen
wurde. Im Etr. findet sich der Dativ *aritimi* F. 2613 „der
Artemis" von einem *i-* Stamme.

Das mit *sialχvei* syntaktisch gleichartige *avi* muss der Dativ
von einem Stamme *avie-* (*avio-*) sein. Im Etr. kommen von
masculinen *ie-* (*io-*) Stämmen die folgenden Dative sing. vor:
is'iminθii pitinie F. Spl. III, 388 (De. Fo. V, 55).[1]) Aus dem
Umbr. vergleiche man die Dativformen *sansie, sansii, sansi* vom
Stamme *sankio-*; *fisie, fisi, fisei* vom Stamme *fisio-*.

Hier ist also die Präposition *mav* „zusammen mit" mit dem
Dativ-Locativ verbunden, wie im Griechischen ἅμα, συν und im
Germanischen synonyme Präpositionen. Das Tyrrhenische weicht
hier vom Italischen ab.

Über den Ursprung von *mav* wage ich die folgenden Ver-
mutungen auszusprechen. In Betreff der Endung vergleiche man *mav*
mit *tav* a 7, *tov* b 1, die, wie ich zeigen werde, vor Vocalen aus
tãm, tom entstanden sind. Hiernach vermute ich, dass *mav*
zunächst aus *mãme* entstanden ist. *ma-v, mã-me* enthält als erstes
Glied ein dem dor. ἁμᾶ (weniger wahrscheinlich dem ἅμᾶ)
entsprechendes Wort. In dem *-me* von **mã-me* vermute ich eine
enklitische Partikel. Das lat. *-met* (in *egomet* u. s. w.) scheint
aus *-*me-te* entstanden und als erstes Glied dasselbe *-me* zu enthalten. Gr. μέν und thessal. μά (das soviel als δέ bedeutet)
sind mit diesem *-me* nicht identisch, jedoch wahrscheinlich
derselben Wurzel entsprungen. *-me* verhält sich zum thessal. -μα,
wie γέ zu dor. boeot. γά, -δε z. B. in δέμενδε zu -δα im arkad.
θύρδα. Auch das enklitische ind. *sma,* dessen *a* sich in mehr-
facher Weise deuten lässt, gehört wohl zu derselben Wurzel;
sma tritt auch an Präpositionen.

---

[1]) Ob *jelic* F. 1914 A. 12 mit De. Fo. VII, 53 als *feli-c* = lat. *filioque,*
im Sinne von *infantique,* zu deuten ist, scheint mir zweifelhaft.

Im dor. ἰμί, aus *smma*, sieht man einen alten Instrumentalis, der mit dem Stamme *sem-* „eins" verwandt ist; vgl. lat. *una cum*. Tyrrheu. *mav* wird also aus *mā-me, *smā-smē entstanden sein. Ich vermute, dass *sm* hier zu *m* wurde, weil der folgende Vocal nicht den Hauptton hatte. *mav* scheint mir aus *smä-sme* ·′. in proklitischer Stellung entstanden. Als eine andere Möglichkeit will ich jedoch die Vermutung nennen, dass *mav* seinem Ursprung nach wie *tav* ein Accus. sg. fem. ist. In diesem Falle wird *mav* aus *smäm* entstanden sein. Bei der zuletzt genannten Deutung muss man annehmen, dass die Form *mav*, welche hier vor einem Consonanten steht, lautgesetzlich vor Vocalen entstanden und dann später verallgemeinert worden ist. Verwandt mit *mav* ist wohl etr. *maχ* „ein", wie *una cum* zu *unus* gehört; *maχ* ist vielleicht aus *smakó-s entstanden, vgl. Verf. Beitr. 148.

Die von *mav* abhängigen Bezeichnungen zweier Personen sind asyndetisch zusammengestellt. Analoges ist aus anderen Sprachen bekannt.

evisϑo kommt auch b 1 vor. Nach dem Zusammenhange sollte man in diesem Worte am ehesten ein mit *dedicat* (-*avit*) synonymes Verbum vermuten. Allein formell wüsste ich eine solche Deutung nicht hinlänglich zu stützen. In lateinischen Dedicationsinschriften ist häufig gesagt, dass die Dedication „*ex viso* (auch *ex visu*)" „wegen eines Traumgesichts" Statt findet. Ich vermutete daher zuerst, dass tyrrh. *evisϑo* s. v. a. lat. *ex viso* bedeutete. Allein es scheint etwas sonderbar, dass beide Widmungen, die des Altares in a und die des Götterbildes in b, wegen eines Traumgesichts Statt gefunden haben sollten. Auch wäre es auffallend, dass bei den heiligen Handlungen, die wegen eines Traumgesichts ausgeführt sein sollten, in dem einem Falle drei, in dem anderen zwei Personen beteiligt waren, als ob das Traumgesicht mehreren erschienen wäre. Die Wortstellung deutet vielmehr auf eine syntaktische Verbindung mit *zeronaiϑ* hin. Daher gebe ich die Deutung von *evisϑo* als *ex viso* auf und halte die folgende Deutung für die richtige.

Ich teile *ev- isϑo*. Wie *tav, tov, mav* aus *tam, *tom, *mam

entstanden sind, so entstand nach meiner Vermutung *ev- isϑo* aus
* *em- isto*. Für die Aspiration des *t* vergleiche man *urusϑe* Ὀρέστης,
cluϑumusϑa Κλυταιμνήστρα. *evisϑo* aus * *em-isto* deute ich =
lat. *in isto*, mit *zeronaiϑ* zu verbinden, und ich übersetze „in
diesem Heiligtume der Zerona." Dass eine tonlose Präposition
mit dem davon regirten Nomen zusammengeschrieben wird, ist
ja bekannt. *evisϑo* statt * *em-isto* ist aus *en istod* entstanden.
Im Umbr. erscheint die Präposition *en* (lat. *in*) auch in der
Form -*em*: *akeduniam-em*, *ahtim-em*, *vapef-em* (Savelsberg Z. f.
vgl. Sprachf. XXI, 98), wie im Umbr. auch *numem* = lat.
nomen vorkommt. Der Übergang des auslautenden *n* in *m* kann
auch im Tyrrh. nicht auffallen, denn etr. *n* wechselt im Auslaute
mit *m*:*em* (Pronomen) = *en*, *am* = *an* u. m., siehe Verf. Beitr.
145, 229, Bezz. Beitr. X, 84. Die Präposition *in* findet sich
im Etr. teils mit dem Ablative, teils mit dem Locative verbunden,
dem Nomen teils vorangestellt, teils nachgestellt: *in flenzna* F.
2279 Z. 2, *in· ec· mene* Magl. nach Deecke, *fus'ler-e* F. 1914
A. 4 d. h. in foculis, *iuci-e* F. 2400 d, in loco d. h. in sepulcro,
u. m., siehe Verf. Bezz. Beitr. X, 92 f.

In den lemnischen Inschriften hat *zeronaiϑ* die Form des
Locatives, allein das dazu gehörige pronominale Attribut *ev-isϑo*
die Form des Ablatives. Im Lat. kann einem Locative eine
Apposition im Abl. beigefügt werden: *Albae in urbe opportuna*,
selten *Corinthi, Achaiae urbe*. Im Etr. findet sich eine Ablativ-
form auf -*u* mit einer Locativform auf -*ϑi* oder -*ϑ* syntaktisch
verbunden; vgl. Pauli St. V, 67 ff., Verf. Beitr. 43, 129 f. F.
225 habe ich *anu eiϑi* als „in hoc fano" gedeutet.

Das dem lat. *isto* entsprechende Pronomen erscheint im
Umbrischen, dem Sinne nach vom lat. *hic* zuweilen nicht merkbar
verschieden. So tab. Iguv. II b 24: *tefe estu vitlu . . sestu*
„tibi istum vitulum sisto." So auch in der etr. -osk. Inschrift
F. 2753 (Gefäss von Capua): *vinuχs veneliis peracis estam tetet
venilei viniciiu*, die Corssen I, 812 so übersetzt „Vinucus Venelius
Peracius istam (capidem) dedit Venilio Vinicio." *estam* hat
Garrucci gelesen; jetzt kann man nur . . . *am* lesen.

Ob etr. *estak* F. 1916 Z. 7, *es'tac* F. 1914 b Z. 8, das ich als Verbum gedeutet habe, vielmehr das hier besprochene Pronomen ist, entscheide ich nicht.

*zeronai*ϑ ist offenbar mit *zeronai* a 6 verwandt. Dies *zeronai* wird sich als der Name einer Göttin im Dat. sing. erweisen. *zeronai*ϑ zeigt die Endung -ϑ, welche im Etruskischen die Bedeutung des Locatives hat. Wenn wir also in *zeronai*ϑ das -ϑ als Casusendung abtrennen, bleibt *zeronai*- als stammhaftes Element zurück. *zeronai*ϑ vom Stamme *zeronai*- scheint mir aus **zeronaie*ϑ vom Stamme *zeronaie*- entstanden; vgl. *aomai* b 3 aus *aomaie. *zeronai*-, *zeronaie- ist vom Namen der Göttin *zerona* abgeleitet, wie ῟Ηραιον, Heiligtum oder Tempel der Hera, von ῟Ηρα. *zeronai*ϑ bedeutet also „im Heiligtume der Göttin Zerona." Hiernach möchte ich in F. 2404 (Verf. Beitr. 39) etr. ϑ*ipurenaie*ϑ „im Heiligtume der Juno Tiburna" als ein Wort abtrennen.

Das etr. Locativsuffix -ϑ kommt auch in den Formen -ϑ*i* und -*ti*, z. B. *celati*, vor; vgl. De.-Müll. II, 506. Dies Suffix ist mit dem gr. -ϑ*i* in ἀγρόϑι, οἴκοϑι u. s. w. vielleicht identisch.

zivai ist der Dat. sg. fem. und bedeutet soviel als lat. *divae*, *deae*, osk. *deivai*. *zivai* ist von einem femininen ä- Stamme gebildet wie der Dativ *zeronai* a · 6. Dies ist eine deutliche indogermanische Casusbildung, welche der der italischen Sprachen entspricht. Dasselbe Dativsuffix erscheint auch im Etruskischen. Man vergleiche die etr. Dative *etve* ϑ*aure* F. 1915 von *etva* ϑ*aura*, *ceχe* De. Fo. VII, 53 von *ceχa*, welche wahrscheinlich zu nicht femininen Stämmen auf -*a* gehören.

Wie *zivai* „deae" bedeutet, so erkläre ich *zio* in *arzio* a 7 als Gen. pl. „deum". Es sind diese Wörter offenbar indogermanisch. *z* in *zivai*, *zio* ist vor *i* aus *d* assibilirt, wie in *ziazi* a 2 aus Δίας. In diesen Wörtern bezeichnet *z* wohl ein aus *dz* entstandenes *z* (d. h. tönendes *s*). Dieselbe Assibilation ist etruskisch: *ziumi*ϑ*e* und *zimite* (oder *zimaite*) Διομήδης. Vgl. gr. ζά = διά, Ζόννυσος = . Διόνυσος u. s. w. (Curtius Grundz. 617); osk. (in lat. Schrift): *zicolom* aus *diëcolom*; lat. auf christlichen Grabsteinen *zies* = *dies*; bei Isidor *hozie* ▬ *hodie* (Schuchardt Vocal. I, 67). Nach diesen Analogien müssen wir annehmen, dass ein anlautendes *di*- lautgesetzlich zu *zi*- assibilirt wurde, wo nach *di* ein Vocal folgte, nicht vor Consonauten. Der Dat. des iudogerm. Stammes *dcivā-* „der Göttin" sollte also lautgesetzlich nicht zum tyrrhen. *εivai* werden. Dagegen konnte *εi-* lautgesetzlich im Gen. pl. *εiö* und im Acc. sg. masc. *ziöm*, wo *v* vor *o* herausgedrängt ist, eintreten. Aus diesen und anderen gleichartigen Formen wurde das *z* zu *εivai* übertragen. Auch der indogerm. Adjectivstamm *divjo-*, himmlisch, göttlich, wirkte vielleicht zum Sieg des *z* mit; denn im Etr. konnte *divjo-* zu *diivo-*, *ziva-*, wie *apatruis* zu *apiatrus* (Verf. Beitr. 200), werden.

Mit tyrrh. *zivai* = deae, *zio* = deum (Gen. pl.) hängt etr. *zivas* F. 2335, F. 2100, *zivas'* F. 1565 offenbar zusammen. Die von mir (Beitr. 55 ff.) versuchte Deutung *zivas* = lat. *vivus* erweist sich jetzt als irrig. Ich fasse etr. *zivas* jetzt als den Dat. pl. „*dis*", d. h. dis manibus, auf. Die Seelen der Verstorbenen wurden bei den Etruskern als Götter verehrt und als *di manes* bezeichnet; siehe Müll. — De. II, 96 ff. Die Endung -*as* von *zivas* scheint aus -*ös* entstanden und stimmt mit der Endung des altlat. *deivos* (Gefäss von Quirinal), mars. *aisos*, *esos*, wenn dies wie Deecke (Bleitafel von Magliauo 8) annimmt, zu einen *o*-Stamme gehört.

vamalasial verstehe ich als Adjektiv zu *zivai*. Wesentlich dieselbe Endung erscheint bei *çokiasiale* b 1; bei diesem werde ich die Frage über den Ursprung der Endung berühren. *vamalasial* stimmt in Betreff der Endung mit etr. Formen des Gen. sg. fem. *falasial* F. 1525, *mcclasial* F. 2108 überein. Der etruskische Genetiv fungirte auch im Sinne des Datives; so ist hier *vamalasial* als Attribut mit dem Dative *zivai* verbunden. *vamalasial*, Nom. *vamalasia*, enthält dasselbe Suffix wie der Gen. sg. m. *çokiasiale* b 1, nämlich masc. -neutr. -(ā-)*sio* (-ā-*sie*), fem. -(ā-)*siä*. *çokiasiale* ist ein ethnisches Adjectiv, das von einem Stadtnamen, gr. Φώκαια, abgeleitet ist. Daher müssen wir vermuten, dass auch *vamalasial* von einem Ortsnamen abgeleitet ist. Das Stammwort scheint mir ʽΟμόλη, ein dem Pan heiliger Berg in Magnesia in Thessalien, woneben die Stadt ʽΟμόλιον lag[1]). Bei dieser Combi-

---

[1] Schol. Apoll. Rhod. I, 594 nennt zugleich eine Stadt in Thrakien Namens ʽΟμόλη.

nation macht das *v* von *vamalasial* Schwierigkeit; denn da ὅμολον
nach Istros bei Suidas u. m. aeolisch s. v. a. ἐμονοτητικόν καὶ
εἰρηνικόν sein soll, hatte Ὁμόλη ursprünglich wahrscheinlich
nicht Digamma. Die Tyrrhener gaben dem übertragenen Namen
Ὁμόλη vielleicht darum ein anlautendes *v*, weil tyrrhen. *v* in
anderen Wörtern einem griechischen Spiritus asper entsprach.
Das *a* der beiden ersten Silben von *vamalasial* ist aus ŏ
entstanden, wie wahrscheinlich das zweite *a* von *maraz*. So
entspricht etr. *a* regelrecht einem indogermanischen ŏ: *raθumsna,
naθum, tarsu* u. s. w. Auch im Griechischen findet sich dialektisch ein analoges a statt o: Ἀμαλωΐος ein Aetoler aus Myrina
Corp. inscr. Gr. 1583 = Ὁμολωΐος.

Das Suffix -ä-*sie*, fem. -ä-*siä* von *vamalasial*, *çokiasiale* ist
zugleich etruskisch. Es kommt oft in etr. Namen vor: *falasial,
meclasial, helvasi* F. 127 u. m.   Allein auch etr. Appellativa sind
durch dasselbe Suffix gebildet: *ceχase, ceχasie* „Priester" von
ceχa „sacrum"; *murinas'ie* Magl. Adj. zum lat. *murrina* (Deecke).
Diese tyrrhenischen und etr. Bildungen sind nicht mit gr.
Φλιάσιος zu vergleichen. Dieselben enthalten vielmehr ein
Suffix, das dem italischen -ä-*sio* entspricht: umbr. *urnasier,plena-
sier* u. m.; osk. *fiuusasiais, purasiai* u. m.   Im lat. -ä-*rio* sind
verschiedene Suffixe zusammengefallen. In einigen Wörtern ist
-*ario* aus -*ari* erweitert, so z. B. im spätlat. *exemplarium* neben
exemplar.   Dies Suffix ist vom ital. -*asio* ganz verschieden.
Allein dass in anderen Wörtern lat. -*ario* dem ital. -*asio* entspricht, ist sicher.   Neben lat. *Caeparius, vitrarius, caprarius,
equarius, viarius* finden sich (dialektisch) *Caepasius, Vitrasius,
Caprasius, Equasius, Viasius* (Jordan Krit. Beitr. S. 114 f.).   Umbr.
plenasio- entspricht dem spätlat. und roman. *plenarius*, umbr. *sesten-
tasio-* dem lat. *sextantarius*, umbr. *urnasio-* nach meiner Vermutung
dem lat. *ordinarius*.   Osk. *purasio-* ist mit lat. *igniarium* gleichartig.   Formell verhält sich das lat. Suffix -*ario* zum umbr. -*äsio*,
wie lat. *ara* zum umbr. *asa*.   Obgleich das Umbrische und das
Etruskische den Übergang eines intervocalen *s* in *r* kennt, ist
in dem Suffixe umbr. -*asio*, etr. -*asie* (-*asio*) und in dem Substantive umbr. *asa* das *s* erhalten. Dies habe ich Rhein. Mus.

XL, 475 dadurch erklärt, dass in den italischen Sprachen einst,
wie in den germanischen, das Lautgesetz galt, dass ein intervocales
s sich nach einem betonten Vocale als tonloses *s* erhielt, dass
es aber tönend (*z*, später *r*) wurde, wo der nächstvorhergehende
Vocal nicht den Hauptton trug. Der Gegensatz zwischen lat.
sextantarius einerseits und umbr. *sestentasio-*, etr. *ceχase*, tyrrh.
vamalasial andererseits beruht also, wie der Gegensatz zwischen
dän. *Hare* und deutsch. *Hase*, auf einem ursprünglichen Wechsel
der Betonung.

Im Tyrrhenischen sind durch das Suffix *-asio* Adjectiva von
Ortsnamen abgeleitet. So ist im Messapischen durch das entsprechende Suffix *-a-hia* * *oibaliahias*, gen. *oibaliahiaihi* von Οἰβαλία,
dem Namen der tarentinischen Burg, abgeleitet (De. Rh. Mus.
XXXVI, 581). Vgl. *Ocresia* von *ocris*.

zivai vamalasial bezeichnet also „der vamalischen Göttin
(der Göttin von Homole).“ *zeronai* ist der Name einer Göttin
im Dativ. Über diese Göttin werde ich nach dem Durchgehen
der ganzen Inschrift näher sprechen.

morinail ist ein Adjectiv, das dem Substantive *zeronai*
attribuirt ist. *morinail* zeigt dieselbe Endung wie mehrere etr.
Genetive sing. fem.: *acril* F. 1841, Genetiv eines weiblichen
Gentiliciums, neben dem Gen. masc. *acris'*; *puil* F. 985, Gen. von
puia, pui, Ehefrau (Verf. Bezz. Beitr. X, 8 f.). Über andere
unsichere Beispiele dieser Endung siehe Pauli Altit. St. III, 424,
der dieselbe mit Unrecht überhaupt leugnet. Wie im Etr. der
Genetiv auch als Dativ fungirt, so ist hier *morinail*, das dieselbe
Endung wie etr. Genetive zeigt, mit dem Dative *zeronai* verbunden. Wir haben bereits bei *ramalasial* einen analogen Fall
gefunden.

morinail setzt einen Nom. sg. f. * *morinai*, ursprünglicher
* *morinaia* voraus, der mit etr. Formen wie *aninai* F. Spl. I,
199 gleichartig ist. Der entsprechende Nom. masc. wird wohl
* *morinaie* gelautet haben. Dies Adjectiv ist von * *morina* Μυρίνα,
dem Namen der einen der beiden Städte von Lemnos, abgeleitet.
Tyrrh. *o* entspricht hier dem gr. *υ* wie in *holaie*. Auch eine

aeolische Stadt auf der kleinasiatischen Küste im NO. von Phokaea
hiess Μυρίνα, Corp. inscr. gr. 1583 Μουρίνα. Ob der etr. Familienname *murina* (zuweilen *murini*), Fem. *murinei* (namentlich in
und um Chiusi, auch in Orvieto), zu dem lemnischen Ortsnamen
gehört, ist zweifelhaft.

zivai vamalasial zeronai morinail übersetze ich also „der
vamalischen Göttin der morinischen Zerona" und ich verstehe
dies so: „der Zerona, welche in Myrina nach dem aus Homole
in Thessalien übertragenen Cultus verehrt wird." Dass der
Cultus der Göttin aus Homole nach Myrina übertragen ist,
hängt vielleicht damit zusammen, dass Thessalien einerseits,
namentlich das untere Stromgebiet des Peneios, ein Hauptort
der Pelasger war und dass andererseits tyrrhenische Pelasger
Lemnos bewohnten.

aker gehört mit etr. *acil* F. 1487, F. Spl. I, 440, F. Spl. III,
352, *akil* G. 104 zusammen. Tyrrh. *aker* verhält sich zum etr. *akil*
wie etr. (*tins'*-) *cvil, cvl* (Verf. Bezz. Beitr. XI, 32) zu *cver*. *aker*
scheint mir die ältere Form. Pauli hat (St. III, 31) vermutet, dass
acil „Werk" oder „Eigentum" bezeichnet, und hält letzteres für
das wahrscheinlichere; auch Deecke und früher ich selbst haben
dies angenommen. Allein Poggi (Appunti II, 14) bemerkt mit
Recht, dass die Inschriften *ruvfies·acil* F. Spl. III, 352 (auf
einer tönernen Lampe) und *ruvfil·acil* F. Spl. I, 440 (auf einem
guttus von terracotta) nicht den Besitzer des Grabes und des
darin befindlichen Grabgutes bezeichnen können, da dieselben
mit einem Fabrikstempel aufgeprägt sind. Poggi empfiehlt daher
die Deutung von *acil* als „Werk" und vergleicht die lat. Inschrift *C POMPONI QUIRI OPOS*. Die Bedeutung „Werk"
passt für *acil* ebenfalls F. 1487, für *akil* G. 104. Davon abgeleitet *acilunc* F. 1914, d. h. *fecit*. Zu *aker* gehört wohl noch
ein Wort in der Inschrift G. 936 („fiala", Suessola), wo Undset
liest:

tinϑuracrii·na

Ich übersetze „Tinthur machte diese." *acrii* scheint ein vom
tyrrh. *aker* abgeleitetes Verbum; *na* ein Pronomen, das sich
zu *ma* wie *ni* zu *mi* verhält. Wenn *acasce* G. 799 Z. 9 „fecit"

bedeutet[1]), gehört es wohl mit *aker* zusammen, und macht es wahrscheinlich, dass dies eine Bildung wie lat. *opus* Gen. *operis* ist. Das *r* von *aker* ist dann wie das *r* von *vomer, veter, maior* u. s. w. zu erklären.

In der lemnischen Inschrift ist das Verbum finitum, wie oft in den lat. Dedicationsinschriften, ausgelassen. *aker* „opus", das hier Apposition zum Objecte *tav arzio* ist, geben wir wohl am besten durch „errichtete" oder „baute" wieder.

Acerrae hiess eine Stadt unweit Neapels im einst tuscischen Gebiete, jetzt Acerra. In Gallia Cispadana zwischen Laus Pompeia und Cremona lag eine feste, ursprünglich wohl etruskische Stadt *Acerrae*, jetzt Gherra. Liv. 32, 13 nennt in Thessalien eine Stadt *Acharrae*. Dieser Stadtname war also gewiss tyrrhenisch. Vielleicht ist derselbe von *aker* in der Bedeutung von „Befestigungswerke" (wie *opera*) abgeleitet.

tav: *arzio* giebt uns das Object. Man vergleiche damit das Object *toveronarom* b 1—2. Hiernach muss *tav* ein demonstratives Pronomen sein, welches mit dem Substantive *arzio* zusammen gehört. *tav* ist Acc. sg. fem. „diese" und *tov* Acc. sg. masc. „diesen." Zu demselben Pronominalstamme gehören die etr. Accusativformen *ta* F. 348, F. 367 und *tan* in *tanma* F. 1914 A 1 (Verf. Bezz. Beitr. X, 76). Tyrrh. *tav* ist = ind. *tām*, gr. τήν, lat. (*is*)*tam*; tyrrh. *tov* = ind. *tam*, gr. τόν, lat. (*is*)*tum*. Der tyrrh. und etr. Wortstamm hat die eigentlich demonstrative Bedeutung „dieser." Über den Ursprung des *v* werde ich gleich sprechen.

arzio ist also das Object, ein Nomen im Acc. sg. fem. Die Endung ist dabei auffallend. Diese Schwierigkeit wird durch die Vergleichung von *arai* b 2 und *zivai* entfernt. *zio* (in *arzio*), das mit *zivai* = lat. *deae* verwandt ist, zeigt dieselbe Endung wie *haralio* und *eptezio* b 2. In diesen werde ich Genetive plur. masc. von ŏ- Stämmen nachweisen. *zio* ist also Gen. pl. = lat. *deum*. Das *v*, welches in *zivai* = lat. *divae, deae* vor *a* bleibt, ist in *zio* vor *o* herausgedrängt. Dasselbe Lautgesetz ist im Lateinischen von Thurneysen (Z. f. vgl. Sprachf. XXVIII, 155)

---

[1]) Früher habe ich „scripsit" übersetzt.

nachgewiesen; man flectirte einst : Nom. *deus*, Gen. *divi*. Im Altnordischen wird ebenfalls *v* vor *o* herausgedrängt, während es sich vor *a* erhält, z. B. Nom. pl. *orvar*, Dat. pl. *orom*. *ar-* in *arzio* gehört mit *arai* b 2, d. h. in a r a, zusammen. *arzio* ist nach meiner Ansicht aus * *aramzio* entstanden. * *aram* = lat. *aram* wurde mit *zio* = lat. *deum* zusammen unter einem Wortaccente ausgesprochen; der Hauptton ruhte dabei auf der ersten Silbe von *zio*. Da somit das unbetonte -*am* derjenigen Silbe, welche den Hauptton hatte, unmittelbar vorausgieng, konnte es leicht herausgedrängt werden, während in *eronarom* b 1—2 die Endung -*om* erhalten ist.

* *aramzio*, das den Acc. *aram* und den Gen. pl. *zio* enthielt, ist mit spätlateinischen „Tonverbindungen" wie *orbistérrae*, *magisteréquitum*, *Forumlivi* u. s. w. (Corssen Aussprache II, 883 ff.) gleichartig. Der durch das erste Glied ausgedrückte Begriff wird durch den folgenden Genetiv „genauer ausgeprägt und enger bestimmt". Wie in *arzio* die Silbe -*am* ausgefallen ist, so ist im ital. *Forli*, aus *Forumlivi*, *forum Livi*, die Silbe -*um* (-*o*) herausgedrängt.

ara, das mit lat. *arco*, *assus*, *ardeo* verwandt ist, bedeutete ursprünglich „Feuerstätte" überhaupt. Um „Altar" auszudrücken ist hier im Tyrrhen. *ar-zio* „Feuerstätte der Götter" gesagt. Also *tav arzio* „diesen Altar." Meine Deutung wird dadurch bestätigt, dass nach der Inschrift b zwei Männer in dem Zerona-Heiligtume des Phokaeers Holaie ein Bild des Sonnengottes auf dem Altare der Hephaestier aufgestellt haben. In b wird also vorausgesetzt, dass ein Altar in dem Heiligtume der Zerona früher aufgestellt war.

Ich habe bereits im vorhergehenden bemerkt, dass *tav* vor *arzio* aus * *täm*, *tov* in *toveronarom* b 1—2 aus *töm* entstanden ist. *m* zwischen zwei Vocalen gieng also im Tyrrhenischen in *v* über; wahrscheinlich hatte, wo dieser Übergang Statt fand, der dem *m* vorausgehende Vocal nicht den Hauptton. Ich meine ein anderes tyrrhenisches oder etruskisches Wort anführen zu können, in welchem derselbe Lautübergang Statt gefunden hat, nämlich τήβεννος oder τήβεννα. Dies Wort hat neuerdings

Bücheler (Rh. M. N. F. XXXIX, 420 ff.) besprochen. „Durch
die griechische Literatur geht als ständiger Name für das
römische Staatskleid, die Toga oder deren Abarten, τήβεννος
oder τήβεννα . . . , regelmässig mit doppeltem ν geschrieben."
„Das Wort hat im griechischen Sprachschatz keinen Anschluss
und tritt erst mit der römischen Toga in die griechische
Literatur ein, ist vor Polybios allen unbekannt". Dionysios Ant.
III, 61 sagt, er wisse nicht woher die Griechen den Namen
τήβεννος für die römische *toga* hätten, griechisch scheine er ihm
nicht zu sein. Mit Bücheler bin ich davon überzeugt, dass
τήβεννα ursprünglich nicht griechisch ist. Auch zweifle ich mit
ihm nicht, „dass es wie in der Bedeutung so im Stamm eins ist
mit *toga*." Dagegen weiche ich von Bücheler ab, wenn er
τήβεννα für altrömisch hält. *toga* ist, wie die Bildung des Wortes
beweist, ein uraltes Wort. Sollten also die Römer einst zwei
Wörter von demselben Stamme für denselben Begriff angewendet
haben? Dies ist mir unwahrscheinlich, zumal da das Wort τήβεννα
in der römischen Literatur unbekannt ist, und da die Griechen
nichts davon wussten, dass die Römer dies Wort selbst angewendet hätten: 'Ρωμαῖοι μὲν τόγας, Ἕλληνες δὲ τήβεννον καλοῦσιν
Dionys. Sowohl formell als dem Sinne nach bedenklich ist mir die
etymologische Deutung Büchelers, wonach * *tebenna* zunächst
ein Derivatum von *teba*, das um Reate *collis* oder *clivus* be-
zeichnete, und *teba* statt * *tegba*, * *tegfa* von *tegere* durch ein Suffix
fa abgeleitet sein soll.

Da τήβεννα weder ein griechisches noch ein lateinisches
Wort ist, haben wir, wie mir scheint, allen Grund, eine in Photios
Lex. und im Etymol. M. abgeschriebene Glosse zu beachten:
ἱμάτιον ἢ χλαμύς, ὃ φοροῦσι τύραννοι. Dass hier τύραννοι aus
Τυῤῥηνοί verschrieben ist, scheint sicher, um so mehr, als dieselbe Entstellung anderswo vorkommt (τύραννοι statt Τυῤῥηνοί
Suidas s. v. Τερμέρια κακά. _Ιτσμοί Τυραννικοί Hesych. statt
Τυῤῥηνικοί). Wenn τήβεννα ursprünglich ein etruskisches (tyrrhenisches) Wort war, konnten die Griechen dasselbe natürlich
von der *toga* der Römer anwenden, weil die Toga mit dem Pur-
pursaume von den etruskischen Grossen auf die römischen Magi-

strate übergieng, wie einige auch die Toga überhaupt aus
Etrurien ableiteten (Müll.- De. I, 245 ff.). Obgleich der Nachricht,
dass die τήβεννα von einem Arkader Temenos erfunden sei, gewiss
eine Fabel ist, scheint es mir auf echter Tradition zu beruhen,
wenn Artemidor (Onirokr. ed. Hercher II, 3 p. 87 sq.) τημένειος
als eine ältere Form des Wortes τήβεννα nennt und wenn Pollux
VII, 7 eine Wortform τημενίς annimmt.

Als die Grundform des etrusk. τη'βεννα vermute ich
*tēgmenjo-m, das sich zum lat. tegmen wie lat. seminium zu semen
verhält. Aus * tēgmenjom entstand * tēmenjom, wie lat. examen
aus * exagmen, contaminare aus * contagminare, samentum aus
* sagmentum.[1]) * tēmenjom wurde nach etruskischen Lautregeln
zu tēmenna. Die Endung -enna ist ja in lateinischen und griechischen Wiedergaben etruskischer Namen ganz gewöhnlich.
Mit * tēmenna aus * temenjom vergleiche man Tarquenna Varr.
r. r. I, 2,27 aus * Tarquenjo-s = lat. Tarquinius, Vibenna aus
* Vibenjos u. s. w. Die Änderung der älteren Form Tarquennas
zur etr. tarχnas ist eingetreten, nachdem der Hauptton auf die
erste Silbe zurückgezogen war.

Endlich wurde etr. * tēmenna zu * tēvenna, was die Griechen
durch τήβεννα wiedergeben. So wird lat. v im Gr. durch β
wiedergegeben.

Die lat. Form Mavors neben der ursprünglicheren sabi-
nischen Mamers, von welcher jene sich nicht trennen lässt,
erklärt sich, wie es scheint, nicht nach lateinischen Lautregeln.
Daher vermute ich, dass das zweite m von Mamert- im Etruskischen zu v wurde und dass Mavors ein altes Lehnwort aus dem
Etruskischen ist. In etruskischen Inschriften ist nur die spätere
Form maris, maris' erhalten.

Es scheint mir also sicher, dass ein intervocales m im Tyrrhenischen und Etruskischen zu v wurde, wo der nächst vor-
hergehende Vocal den Hauptton nicht hatte. Allein ich kann

---

[1]) Nach agmen neben examen, sagmen neben samentum u. m. vermute ich, dass
die folgende Regel ursprünglich galt: gm erhielt sich nach einem Vocale,
der den Hauptton hatte, während g vor m nach einem nebentönigen Vocale
herausgedrängt wurde.

hier nicht untersuchen, wie die˙ anscheinend widerstrebenden
Beispiele erklärt werden sollen. Eine solche Untersuchung wird
zeigen, ob die hier gegebene Lautregel näher begrenzt werden
muss. Das *m* von *vamalasial* erklärt sich leicht, wenn ich Recht
habe, dass das Stammwort griechisch ist. Der tyrrhenische
Übergang des intervocalen *m* in *v* findet namentlich eine Analogie
in neoceltischen Sprachen. Das intervocale *m* wird im Irischen
jetzt *v* mit einen nasalen Klang ausgesprochen; von dieser
Aussprache finden sich schon früh Spuren, z. B. in *mebuir* =
lat. *memoria*. Im Cymrischen ist das intervocale *m* zu *f*
geworden. Hiermit steht eine andere Übereinstimmung zwischen dem Tyrrhenisch-Etruskischen und dem Celtischen in
Verbindung. Im Inlaute zwischen Vocalen werden *p*, *t*, *k* im
Tyrrh. und Etr. aspirirt, z. B. ναφοθ, lat. *nepos*. Ebenso werden
c, t im Irischen zwischen zwei Vocalen aspirirt.

In *arzio* ist *-am* von **aram* verschwunden. Hiermit vergleiche man etr. Formen *mus* Μοῦσα, *marmis* Μάρπησα, *puriχ*
Φρυγία, *itun* neben *ituna* (wohl aus *id dönöm* d. h. hoc donum),
siehe Verf. Beitr. 232. Die lemnische Inschrift zeigt, dass diese
Verstümmelung der Endsilbe aus den Verhältnissen der Betonung
zu erklären ist. *zio* und *haralio, eptezio* b 2 sind Genet. plur.
masc. von *o-* Stämmen. Die tyrrh. Endung *-o* entspricht der
ital. *-om*, *-um*, der gr. *-ων*, der ind. *-ām*. Auf Münzen des 5ten
Jahrh. liest man lat. Genetive auf *-o*: *Romano, Paistano* u. m.
Im Umbr. (lat. Schrift) sind die Gen. pl. *pihaclo, atiersio* von *o-*
Stämmen gebildet. Im Tyrrh. erhielt sich also ö vor *m*. Das
auslautende *m* ist nach einem langen Vocale, wenigstens in der
Schrift, weggefallen, während es nach einem kurzen Vocale in
eronarom b 1—2 erhalten ist. Einen etr. Gen. pl. vermutet De.
Fo. VII, 35 in *eterau* F. Spl. I, 438, *eterav* F. 1055.

Die Inschrift b fängt nach der Zeichnung mit *hoiaivzi* an.
Dies ist nach *holaie* a 1 in der französischen Ausgabe richtig
in *hol-* gebessert. Die Endung *-aivzi* ist gewiss nicht aus einer
ursprünglicheren Form **holaive* zu erklären. Vielmehr ist mit

den französischen Herausgebern *holaiezi* zu lesen; der Stein hat
ursprünglich *e* vor *-zi*, nicht ꓄, gehabt. *holaiezi* ist der Gen. sing.
zu *holaie*. Es erscheint hier dieselbe Genetivendung wie in
ziazi a 2. Hiermit vergleiche man etr. Formen *tites'i*, südetr.
titesi von *tite, hulχniesi* von *hulχnie* u. s. w., die als Genetive
und öfter als Dative fungiren; vgl. Pa. St. V, 47—66, 84 f.
Wie sind nun diese Casusformen tyrrh. *-zi*, etr. *-s'i, -si*
etymologisch zu erklären? Bei dem etrusk. Gen. sing. erkannte
bereits Corssen richtig, was später verkannt wurde, die vielfache
Übereinstimmung mit den Formen der indogermanischen Nach-
barsprachen. Etr. Feminina auf *-a* bilden, freilich nur zum
Teil und nicht überall, den Gen. sg. auf *-as, -as'*. So z. B. der
Vorname *ramθa* Gen. *ramθas*; Vorname *larθia, larθi* Gen.
zuweilen *larθias, larθias'*; Vorname θ*ania*, θ*ana* Gen. θ*anias,
-ias'*, θ*anas, -nas'*; Gentilicium *vescunia* Gen. *vescunias*[1]). Diese
etr. Genetive entsprechen den altlat. *terras, fortunas, Maias*,
den osk. *moltas, eituas*, den umbr. *tutas, iiuvinas*. Die etr.
Masculina auf *-e*, die den lat. auf *-us* (Stamm *-o*) entsprechen,
bilden den Gen. sg. auf *-es*, z. B. *avle* (Aulus) Gen. *avles*; *creice*
(Graecus) Cognomen, Gen. *creices*. Diese etr. Genetive auf *-es*
entsprechen anscheinend den umbr. *kapres, katles*, osk. *lovfreis,
baiteìs*. Die etr. Genetive *ruvfies, ceisinies* entsprechen den umbr.
marties, kureties, den osk. *minieìs, kaìsillieìs*. Die etr. Genetive
sentinates', urinates entsprechen den lat. *Sentinatis, Arpinatis*, osk.
lovkanateìs, umbr. *tarsinater*, älter *tadinates*. Die etr. Genetive
velθurus (Nom. *velθur*), θ*ucerus* (Nom. θ*ucer*), fem. θ*anχvilus*
(Nom. θ*anχvil*) zeigen dieselben Endung wie lat. *Castorus, Venerus,
nominus*, gr. Κάστορος, πατρός, ἁλός, messap. *kalatoras, platoras*.
Dass hier dem lat. *u*, dem gr. o, dem messap. *a* ein etr. *u*,
nicht, wie sonst, ein etr. *a*, entspricht, erkläre ich aus dem
Einfluss des *r* und *l*. Im etr. θ*anrs'*, wo der Vocal vor *s'* aus-

---

[1] Auf die Verbreitung dieser etr. Genetive und ihre Abgrenzung gegen die
Gen. fem. auf *-al*, wie auf das gegenseitige Verhältniss von *-as* und *-as'*
gehe ich hier nicht ein. Wertvolle Mitteilungen darüber finden sich bei
Pauli Etr. Stud., 2tes Heft.

gefallen ist, hat man dieselbe Genetivendung wie im gr. *Δήμητρος,*
messap. *damatras.*

Die hier hervorgehobene Übereinstimmung etruskischer Genetive auf *-s* mit italischen und griechischen, welche nicht ganz
zufällig sein kann, beweist, dass die etr. Genetive auf *-s* weder
aus denen auf *-sa* noch aus. denen auf *-si* durchgängig abgekürzt
sind. Ich meine vielmehr, dass die Formen auf *-sa* ein ange-
wachsenes Enklitikon enthalten.

Die Genetivformen auf *-zi, -s'i, -si,* tyrrh. *holaiezi, ziasi,* etr.
hulχniesi u. s. w., sind, wie es scheint, von den Genetiven, die
ursprünglich auf *-s* enden, verschieden. Jene entsprechen vielleicht den messapischen Genetiven auf *-ihi,* z. B. *baletϑihi,*
graivaihi, welche Deecke mit den indischen Genetiven auf *-sja*
vergleicht. Im Etruskischen hat sich die Genetivendung *-s'i, -si*
wohl durch Analogie weiter verbreitet. *eerais'i* F. 2404 „der
Hera" enthält wohl eine Dativform * *eerai,* die wie tyrrh. *zeronai*
gebildet ist, mit neuer Anfügung der Casusendung *-s'i.*

Nach *holaiezi* b 1 folgt *çokiasiale.* Dies ist der Gen. sg. masc.
eines Adjectivs und gehört mit dem Substantive *holaiezi* zusammen.
Ich übersetze „Holaie's des phokaeischen" „Holaie's des Phokaeers." Dies Adjectiv ist vom Stadtnamen gr. Φώκαια durch
das Suffix *-a-sie (-a-sio)* gebildet. Dies Suffix ist bereits bei
vamalasial a 6 behandelt. Das *i* der zweiten Silbe von *çokiasiale*
entspricht dem gr. αι; darüber werde ich bei *çoke* b 2 sprechen.

çokiasiale enthält die Genetivendung *-ale.* Dieselbe kommt
auch im Etr., mit dativischer Function, vor. So *larϑiale hulχniesi*
F. Spl. I, 398, wo die Form auf *-ale* grammatisch mit einer
Form auf *-iesi* verbunden ist, wie in der lemnischen Inschrift
die Form auf *-ale* mit einer Form auf *-ezi;* nur ist die Reihenfolge dieser Formen hier die umgekehrte. Auch G. 799 Z. 4—5
enthält zwei etr. Formen auf *-ale.*

Die Endungen von *vamalasial, morinail, çokiasiale,* die
sämmtlich zugleich dem Etruskischen angehören, sind offenbar
unter einander verwandt. Im Tyrrhenischen kommen diese
Endungen nur in Adjectiven, die als Attribute mit danebenste-
henden Substantiven zusammengehören, vor. Dies dürfte für

die etymologische Deutung der Endungen nicht unwichtig sein. Ich weiche hier von Corssen und Deecke ab. In dem -*ale*, -*l* von *çokiasi-ale*, *vamalasia-l*, *morinai-l* finde ich Formen eines enklitischen Pronomens, eines postpositiven Artikels. Dies Pronomen entspricht nach meiner Vermutung dem altlat. *ollus*; vgl. altir. *an-all* von dort her, *t-all* dort[1]). *holaiezi çokiasi-ale* ist 'Υλαίου τοῦ Φωκαιέως; das tyrrhen. -*ale* entspricht hier syntaktisch dem gr. τοῦ. Es traten also im Genetiv und Dativ Casusformen eines Pronominalstammes *al-* oder ursprünglicher wol *allo-* enklitisch an Casusformen der Nomina. Dabei wurde eine Verstümmelung sowohl der nominalen als der pronominalen Casusendungen bewirkt. Ursprüngliche Dativformen sind wahrscheinlich mit ursprünglichen Genetivformen zusammengefallen. In *çokiasi-ale* ist etymologisch nur -*e* der Rest der Casusendung. Die Übereinstimmung dieser tyrrhenischen und etruskischen Bildungen mit dem suffigirten Artikel -*l* (aus *ille*) im Walachischen und dem suffigirten Artikel des Albanesischen ist historisch kaum zufällig, wenn ich auch nicht den walachischen Artikel -*l* aus dem Etruskischen herleite. Bereits in meinen Beiträgen 1, 213 ff. habe ich einen etr. enklitischen Artikel -*l* angenommen, allein die Wahrheit ist dort leider durch die Einmischung vieler ganz verschiedenartiger Formen verdunkelt worden.

holaiezi çokiasiale. Wie es hier gesagt ist, dass *holaie* ein Phokaeer war, so habe ich im vorhergehenden den Nachweis versucht, dass sein eigener Name *holaie* griechisch ist ('Υλαῖος), und habe in dem Namen seines Grossvaters ebenfalls die Umänderung eines griechischen Namens (.Ίας;) gefunden.

Die Genetive *holaiezi çokiasiale* sind von dem dritten Worte der Inschrift abhängig. Dies Wort ist nach der Zeichnung *zerozaiϑ*; keine Bemerkung des französischen Herausgebers deutet hier an, dass die Lesung zweifelhaft sei. Die Form *zerozaiϑ* kann ich nicht erklären. Dieselbe scheint mir verschrieben oder verlesen (𐌋 statt *n*) statt *zeronaiϑ*, wie a 5 geschrieben ist.

---

[1]) Mein früherer Versuch, dies Pronomen in etr. *alti* F. 2335, *alaϑ* Magl. zu finden, hat sich als irrig erwiesen.

Ich übersetze also: „In dem Zerona-Heiligtume Holaie's des Phokaeers."

evisꝺo „in isto" „in diesem Zerona-Heiligtume." Auch hier
wie in a fehlt das Verbum; hier müssen wir „dedicaverunt"
od. ähnl. hinzu denken.

Das folgende Wort ist nach beiden Abschriften *toveromarom*,
was Bréal aufnimmt. Der Abdruck hat *toveronarom*, was ich
vorziehen möchte. Dies Wort giebt uns das Object. Ich löse
dasselbe in *tov- eronarom* auf. *tov* Acc. sg. m. „diesen", aus
tom vor einem Vocale entstanden, wie *tav* a 7 Acc. sg. fem.
aus *tam*. Das tieftonige *tov* ist durch Tonanschluss an das
folgende Nomen gebunden und mit diesem zusammengeschrieben;
analoges aus anderen Sprachen bei Corssen Aussprache II, 888.

Sowohl *tov* aus * *tom* als *eronarom* zeigt, dass indogerm. ŏ
im Tyrrh. vor einem auslautenden *m* erhalten wurde, während in
maraz vor *z* dafür *a* eingetreten ist.

Ich erkenne hier ein zusammengesetztes *ero-narom*. *ero-*
findet sich wieder im etr. *erus*, das auf einer Schale von Orvieto
neben einem Kreise geschrieben ist und die Sonne, den Sonnengott bezeichnet. Auf einem Spiegel bei G. 62 erscheint *erus*
als bewaffneter Jüngling. Siehe Deecke Rh. M. XXXIX, 638;
vgl. Verf. Rh. M. XL, 473—475. In *ero-* ist *o*, wie in *holaie*,
morinail, aus *u* entstanden. *narom* zeigt das indogerm. Accusativ-
suffix *-m*. Dies Suffix erscheint etr. als *n* in der einsilbigen Pro-
nominalform *an*. Der Stamm ist entweder *naro-* oder, nach den osk.
Accusativen *tanginom*, *medicatinom* zu urteilen, *nar-*. *narom* bezeichnet nach meiner Vermutung „Bildsäule", „Statue" und gehört
mit gr. ἀνήρ, wovon das synonyme ἀνδριάς abgeleitet ist, und mit
ind. *nā* (Stamm *nar-*), Mann, zusammen. Dieser Stamm findet
sich bekanntlich auch im Italischen: [*cognomine*] *Neronis* . . .
significatur lingua Sabina fortis ac strenuus Sueton. Tib. I; *Nerio*
sive Nerienes . . . *Sabinum verbum est; eoque significatur virtus*
et fortitudo Gell. XIII, 23 (22); νερίκη γὰρ ἡ ἀνδρία ἐστὶ καὶ
νέρωνας τοὺς ἀνδρείους οἱ Σαβῖνοι καλοῦσιν. Vgl. Löwe Prodromus
p. 349 sq. Zu demselben Stamme gehört [umbr. *nerf* (Accus. pl.),
nerus (Dat.-Abl. pl.). In *narom* ist *a* vielleicht aus *e* durch den

Einfluss des folgenden *r* entstanden, wie in *harð* F. 807, nach meiner Deutung (Bezz. Beitr. X, 102) == lat. *fert*, und wie in elischen und lokrischen Formen: πάρ, φάρην u. s. w. Bücheler (Umbr. 58) verbindet mit dem hier behandelten Stamme u. a. die Glosse ναρούς τούς φύλακας Hesych., welche nach ihm der Sprache der halbgriechischen Italiker angehört. Hier erscheint ebenfalls *a* vor *r*. Im Etrusk. wird „Bild" dagegen durch *fleres'* ausgedrückt. *tovcronarom* also „dies Bild des Sonnengottes." Für diesen Begriff erwartet man nicht ein echt zusammengesetztes Wort. Vielleicht ist daher *eronarom* aus *erosnarom entstanden und enthält einen Genetiv *eros. Vgl. etr. *tunu* == *tus'nu*; etr. *mene* Magl. == amitern. *mesene*.

Warum eben das Bild des Sonnengottes auf den der Zerona geweihten Altar gestellt wurde, werde ich im folgenden nachweisen. *haralio* nach meiner Ansicht Gen. pl. von dem folgenden *zivai* „deae" abhängig. Die Endung -*o* ist bei *arzio* a 7 behandelt. Ich finde hier ein Ethnikon: *haralio* „der Alerier", der Einwohner von Aleria auf Corsica. Nach Herod. I, 166 wurde Ἀλαλίη auf Corsica (um 560—570) von den Phokaeern angelegt. Später wird die Stadt *Aleria* genannt[1]). Diodor V, 13 meint dieselbe Stadt (nicht Cagliari in Sardinien), wenn er eine Pflanzstadt der Phokaeer Κάλαρις nennt; diese Namensform ist entstellt. Das *h* von *haralio* ist derselben Art wie das *h* des etr. *hamçiar* (zweimal) F. 2514 Ἀμφιάραος; vgl. Verf. Bezz. Beitr. X, 82; XI, 13.

Das erste *r* von *haralio* im Gegensatz zu dem *l* von Ἀλαλίη ist durch gewöhnliche Dissimilation entstanden. So ist in *Aleria* das zweite *l* von Ἀλαλίη in *r* geändert. Ich führe hier einige Beispiele derselben Dissimilation aus verschiedenen Sprachen an (vgl. Pott Etym. Forsch. [1] II, 98 f.): gr. φραγέλλιον, ital. *fragello*

---

[1]) In der Realencycl. von Pauly 2te Ausg. wird wegen der auffallenden Namensähnlichkeit vermutet, Ἀλαλίη sei das heutige *Alaljola* an der Westküste der Insel. Allein selbst wenn ein Zusammenhang der Namen Statt fände, würde man daraus nicht die Identität der „kleinen Alalia" mit Alalia folgern können. Ich finde jedoch die Namensform *Algajola*.

aus lat. *flagellum*; gr. κεφαλαργία, ληθαργία, γλωσσαργία neben
γλωσσαλγία, ὠταλγία u. m.; ἀργαλέος von ἀλγεῖν; lat. *Parilia*
statt *.Palilia, caeruleus* statt *caeluleus*; span. *arfil = alfil*, während im portug. *alfir* das zweite *l* zu *r* geworden ist; fr. *rossig-
nole* aus lat. *lusciniola*, deutsch. *Arolsen* aus *Adaloltes husum*;
norweg. Dial. *frestalle = flestalle*; altir. *araile* aus * *alaile*. Auch
im Etruskischen sind analoge Erscheinungen nachgewiesen. Wie
tyrrh. *haralio* sich zu *Aleria* verhält, so etr. *spural* zu *spulare*
F. 2613 nach der Lesung Paulis (Altit. St. III, 20). *haralio*
eivai also „der Göttin der Alerier.“ Diese Göttin muss eben
Zerona sein. Dieselbe war also in Aleria verehrt worden.
eptezio Gen. pl. wie *zio* a 7 und *haralio*. Ich deute das
Wort als Ἡφαιστιέων „der Einwohner von Ἡφαιστία.“ Die
Stadt Hephaestia lag, wie Conze (Reise auf den Inseln des
thrakischen Meeres) nachgewiesen hat, nordöstlich auf Lemnos
an der jetzigen Purniabucht, wo die Strandgegend den Namen
Palaeopolis trägt. In *eptezio* gegen Ἡφαιστιέων ist Psilosis
eingetreten wie in etr. φersipnei Περσεφονεία, *epcsial* zu Ἐφέσιος
u. m. Das *t* ist in der tyrrhenischen Form umgestellt worden.
Vielleicht hängt dies damit zusammen, dass ein inlautendes *st* vor
i im Etrusk. zu *ss*, *s*, *s'* wurde.

arai ist der Locativ sg. von * *ara* = lat. *ara*. Also *eptezio arai*
„auf dem Altar der Hephaestier.“ *arai* zeigt dieselbe Locativ-
endung wie lat. *Romae*, altlat. *Romai*, osk. *viai mefiai*. ˙ Das *r*
des lat. *ara* ist aus einem tönenden *s* entstanden, wie dies durch
altlat. *asa*, osk. *aaso*, umbr. *asa* erwiesen wird. Dies Substantiv
ist, wie Bücheler gesehen hat, von *as- κάειν* gebildet und mit lat.
areo, ardeo, assus verwandt. Also ist auch im tyrrh. *arai, arzio*
r aus einem tönenden *s* entstanden. Dagegen ist intervocales
tonloses *s* in *vamalasial* a 6, φ*okiasiale* b 1 erhalten. Diese
verschiedene Behandlung des intervocalen *s* ist, wie schon
bemerkt, aus verschiedenen Betonungsverhältnissen zu erklären.
Auch im Etrusk. ist *s* zwischen tönenden Lauten in *r* übergegangen:
naverial = navesial, remrnei = remznei u. m. Nach der Vermutung Fabrettis und Corssens u. a. findet sich *ara* in der Be-

deutung des lat. *ara* auch im Etrusk.: *aras'* F. 1914 A. 6; *aras'a*
F. 346.

Bei *haralio zivai* und *eptezio arai* ist der Genetiv dem regi-
renden Worte vorangestellt; das umgekehrte ist bei *naϙοϑ ziazi*
der Fall. Das nach *arai* folgende Wort lese ich *tiz*. Der dritte Buchstabe, den Bréal nicht bestimmt hat, scheint mir eine altertümliche Form des *z* zu sein. Nach *tiz* folgt ϙ*oke: zivai*, das mit *haralio
zivai* syntaktisch gleichartig ist. Der syntaktische Zusammenhang
scheint also für *tiz* die Bedeutung „und“, „und zugleich“ zu
empfehlen.

Das lat. *et* ist mit dem gr. ἔτι, ind. *áti*, zend. *aiti*, altpers.
atiy formell identisch. Wie ein *s* in lat. *abs, os-, sus-*, osk. *az*,
gr. ἐξ, ἄψ, altir. *ess-*, ind. *nis*, altpers. *patish* hinzugekommen ist
(vgl. Brugmann Berichte der Gesellsch. d. Wiss. zu Leipzig
1883 S. 189 f.), so auch im etrusk. *ez* Magl., *es't* F. 1914 A 2 „und“
(De. Bleiplatte von Magliano). *ez* setzt eine ältere Form * *étis*
voraus, die von *éti* = gr. ἔτι, wie altpers. *patish* von *patiy*,
gebildet ist. Die Bedeutung dieses * *étis* „und“ führte es natürlich
mit sich, dass es oft eine protonische Stellung hatte: *etis⸍*. Daraus
musste regelmässig *tis⸍* entstehen; vgl. Joh. Schmidt Z. f. vgl.
Sprachf. XXVI, 23 ff. Dies liegt im tyrrhen. *tiz* „und“ vor,
welches sich formell zum gr. ἔτι wie skr. *nis* zum gr. ἔνι verhält.

ϙ*oke* ist, wie Bréal bemerkt, offenbar mit ϙ*okiasiale* b 1
verwandt. ϙ*oke* gehört syntaktisch mit *zivai* zusammen. Dasselbe ist nach meiner Ansicht graphisch verkürzt entweder aus
einem Gen. pl. ϙ*oke*[*asio*] (substantivisch angewendet) „der Phokaeer“ oder aus dem Adj. Dat. sg. fem. ϙ*oke*[*asial*] „der phokaeischen.“ Freilich ist sonst, von dem Siglum *s* abgesehen,
graphische Verkürzung in den Inschriften nicht angewendet, jedoch
kann diese verkürzte Schreibweise ϙ*oke* nicht auffallend sein, da
das Wort schon einmal auf dem Denkmale vorgekommen ist, da die
Bedeutung des abgekürzt geschriebenen Wortes den Alten völlig
klar sein musste und da dasselbe voll ausgeschrieben ziemlich
lang wäre.

Das αι von Φώκαια ist in ϙ*oke* durch *e* wiedergegeben wie

3*

im etr. *evas* Αΐχς. In *çokiasiale* ist statt dessen *i* eingetreten,
wie im Lat. unbetontes *ai* zu ī geworden ist. Der Wechsel von
e und *i* kann in der verschiedenen Betonung seinen Grund haben:
unmittelbar vor dem Hauptton wurde das χι zu *e*: *çoke*[*asio*]
oder *çoke*[*asial*]; dagegen gieng αι in *i* über, wo es vom Hauptton
weiter entfernt war: *çokiasiále*.

Der Strich, den man nach *çoke*: sieht, ist vielleicht so aufzufassen, dass der Schreiber hier zuerst das *z* von *zivai* (freilich
umgekehrt) zu schreiben anfieng, jedoch, nachdem er diesen
Strich eingehauen hatte, nicht fortsetzte, weil der Raum in
dieser Zeile für *zivai* nicht genügte.

aviz Vorname im Nomin. sing., mit dem Familiennamen *avi*
a 4 nahe verwandt. Hier in b 3 ist der Vorname dem Familiennamen vorangestellt und voll ausgeschrieben; dagegen in a 1
und a 4 nachgestellt und durch ein Siglum bezeichnet. *aviz*
sialχviz trägt denselben Familiennamen wie *sialχvei z* a 4 bei
verschiedenem Vornamen und ist daher gewiss ein Verwandter,
vielleicht, wie schon bemerkt, ein Sohn oder ein Bruder des
letzteren.

marazm ist der Beamtentitel *maraz* a 3 mit enklitischem
-m. Im Etrusk. findet sich oft bei Nomina eine enklitische
Conjunction mit der Bedeutung „und", welche nach Consonanten
-um, nach Vocalen *-m* geschrieben ist. Siehe namentlich De.
Müll. II, 500—503. So *velus-um*, *arnϑial-um*, *puia-m*, *lupu-m*
u. m. Auch nach Consonanten findet sich zuweilen die Form
-m: *cemul-m* F. 1914 A 7, wo jedoch Deecke das *m* anders auf-
fasst. In Bezz. Beitr. XI, 62 f. habe ich G. App. 803 Z. 5 als
ein Wort [*m*]*ariaχsm* abgesondert und darin das Enklitikon
-m angenommen. Das hier von Undset gelesene *m* ist später
von Danielsson bestätigt worden. *marazm* deute ich also „magi-
stratusque."

Die Form *-m* dieser enklitischen Conjunction scheint mir
ursprünglicher als *-um*. Im *u* sehe ich einen Vocal, der sich
aus dem sonantischen *m* entwickelt hat. Vgl. auch im Etr. das
eingeschobene erste *u* von *kasutru* und χ*aluχasu*, ferner das erste
i von *aritimi*.

Dies -(u)m ist wohl jedenfalls pronominalen Ursprungs.

Nach dem Vornamen *aviz* Nom. sg., den wir schon einmal gehabt haben, folgt der Familienname *aomai*, Nom. sg. masc. Ich sehe darin ein Lehnwort aus dem gr. Εὔμαιος. So hiess der Sauhirt des Odysseus und ein Feldherr Alexanders des Grossen. Die Endung -*ai* ist weniger ursprünglich als die Endung -*aie* von *holaie* a 1 und aus dieser entstanden. So ist etr. *cai* aus *caie* entstanden (De. Fo. III, 74 ff.).

In *aomai* vertritt *ao* das gr. ευ, wie tyrrh. *o* in *holaie*, *morinail* dem gr. ο entspricht. Im Diphthonge *ao* scheint mir *a* aus *e* durch den Einfluss des *o* entstanden; vgl. ναφοθ aus *nepot. Auch im Messapischen ist *eu* zu *ao* geworden: *taotinahiaihi* vgl. sikan. Τεῦτος, illyr. Τεῦτα (De. Rh. M. XXXVII, 378). Im Etrusk. wird gr. ευ gewöhnlich durch *eu*, *ev* wiedergegeben. Jedoch wird Πολυδεύκης etr. *pultuce*, praenest. *poloucces* genannt, und im etr. *eθaus'va* habe ich (Beitr. 8) eine Änderung von Ἐλεύθυα = Εἰλείθυια vermutet.

Durch *aviz sialχviz marazm ariz aomai* „Aviz Sialchviz und der Magistrat (höchste Beamte) Aviz Aomai (Eumaios)", worin die Subjecte gegeben sind, wird meine Deutung von *mav* a 3 als „mit" bestätigt, denn b 3 giebt uns so eine Verbindung, die mit der a 1—4 vorkommenden reell gleichartig, wenn auch in Betreff des syntaktischen Verhältnisses verschieden ist (a 3—4 Dativ nach der Präposition *mav* „mit", b 3 Nominativ bei der Conjunction -*m* „und").

Der Magistrat ist b 3 zuletzt genannt, wohl weil Sialchviz, nicht Aomai, die Kosten des Götterbildes bestritten hatte.

aviz aomai war wie *holaie* ein tyrrhenisirter Grieche. Ob er wie dieser ein Phokaeer war, lässt sich nicht entscheiden.

Die Inschriften lese ich also:

a.

¹*holaie* ⋮ *z* ⋮ *naφoθ* | ²*ziazi* : | ³*maraz* ⋮ *mav* ⁝ ⁴*sialχvei* : *z* ⋮ *avi* : *z* | ⁵*evisθo* ⋮ *zeronaiθ* ⋮ | ⁶*zivai* | ⁷*vamalasial* ⋮ *zeronai* ⋮ *morinail* | ⁸*aker* : *tav* : *arzio*

b.

¹holaiezi : ϙokiasiale ⋮ zeronaiϑ : cvisϑo : toverona- *²rom : haralio :
zivai : eptezio : arai : tiz : ϛoke :* | *⁸zivai : aviz : sialχviz : marazm :
aviz : aomai*

Nach der oben begründeten Deutung übersetze ich dies so
(indem ich in b die activische Construction der Wortstellung
wegen in eine passivische verändere):

a.

„Z. (Sethre) Holaie (Hylaios), Enkel des Ziaz
(Dias), höchster Beamte, in Verbindung mit Z. Sialchviz [und] Z. Aviz hat in diesem Zerona-Heiligtume
der vamalischen Göttin, der morinischen Zerona (d. h.
der aus Homole überführten Göttin Zerona, welche
in Myrina verehrt wird) diesen Altar gebaut."

b.

„In diesem Zerona-Heiligtume Holaie's des Phokaeers [ist] dies Helios-Bild der Göttin der Haralier (der
Alerier) auf dem Altare der Hephaestier und der
Göttin der Phokaer von Aviz Sialchviz und dem
höchsten Beamten Aviz Aomai (Eumaios) [geweiht]."

Der Stein, der die Inschriften trägt, war gewiss an dem der
Zerona geweihten Altare, worauf das Heliosbild stand, angebracht
oder befestigt. Für die nähere Bestimmung dieses Verhältnisses
wäre ein genauerer Fundbericht wünschenswert. Das Bild des
Kriegers stellt wohl den Phokaer Hylaios dar, welcher das Zerona-
Heiligtum eingerichtet hat.

Der oben angegebene Inhalt der Inschriften beweist, was
vorher bereits aus anderen Gründen gefolgert ist, dass das
Denkmal ursprünglich aus Lemnos stammt.

Die Zeit der Inschriften kann ziemlich genau bestimmt
werden. Im Vorhergehenden habe ich hervorgehoben, dass das
griechische Alphabet und die Schreibweise der Inschriften die
Eigentümlichkeiten des 6ten Jahrhunderts zeigen. Auf dies Jahr-

hundert werden wir auch durch die Sprache der Inschriften hingewiesen. Diejenige Voraussetzung, welche die geschichtlichen Nachrichten über Lemnos uns nahe legten, dass die ungriechische Sprache der Inschriften die tyrrhenische ist, hat sich durch die Deutung als richtig erwiesen.

Nun wurde die von den tyrrhenischen Pelasgern bewohnte Insel Lemnos von Miltiades erobert, und die Pelasger wurden darnach, den Berichten der Alten zufolge, von der Insel vertrieben. Ich sehe keinen genügenden Grund, dies zu bezweifeln.[1]) Jedenfalls darf nicht angenommen werden, dass ein Phokaeer, der ein hoher Beamte war, eine Weihinschrift, nachdem die Athenaeer die Herren der Insel geworden waren, in einer barbarischen Sprache abfassen würde. Die Eroberung von Lemnos durch Miltiades hat um 500 Statt gefunden.[2]) Vor dieser Zeit sind also die hier behandelten Inschriften geschrieben.

Auch eine Zeitgrenze, vor welcher die Inschriften nicht geschrieben sein können, lässt sich angeben. In der Inschrift b wird Zerona, der das Bild des Sonnengottes geweiht wird, zuerst als „die Göttin der Haralier (haralio)" bezeichnet.

haralio habe ich als „Einwohner von Alalie oder Aleria auf Corsica" gedeutet. Diese Stadt wurde von den Phokaeern um 560 angelegt.[3]) Die Inschrift b kann also nicht vor der Anlage Alerias geschrieben sein, und da [beide Inschriften fast gleichzeitig sind, gilt dasselbe für die Inschrift a. Es ist nicht unwahrscheinlich (wenn es sich auch nicht behaupten lässt), dass der Phokaeer Hylaios in Aleria selbst gewesen ist, und dass er die Stadt, als dieselbe von den Phokaeern aufgegeben wurde, verlassen hat. In diesem Falle müssten die Inschriften einige Jahrzehnten nach der Anlage von Aleria geschrieben sein. Jedenfalls werden wir nicht irren, wenn wir die Abfassungszeit derselben als zwischen den Jahren 560 und 500 v. Chr. fallend bestimmen.

---

[1], Duncker (Geschichte des Alt. VII, 1882, S. 67 f.) will diese Austreibung nicht anerkennen.

[2]) Nach Duncker in den Jahren 499 bis 496.

[3]) Nach Kiepert 560, nach Clinton 564, nach Duncker 568.

Die Inschriften zeugen davon, dass die Griechen schon vor
der Eroberung von Lemnos durch Miltiades, als die tyrrhenischen
Pelasger noch die Hauptbevölkerung der Insel bildeten, einen
bedeutenden Einfluss hier ausgeübt haben.   Die Schrift der Tyrrhener ist die griechische.   Die Inschrift b erwähnt die Einwohner der Stadt Hephaestia (*eptezio*), deren Name doch wohl
sicher auf eine griechische Anlage deutet, wenn auch nicht hiermit behauptet sein soll, dass der Name ῞Ηφαιστος ursprünglich
griechisch sei.   Ferner nennen die Inschriften einen tyrrhenisirten,
wahrscheinlich in Hephaestia wohnenden Phokaeer Holaie (Hylaios), der ein hoher Beamte (*maraz*) war., Auch der in b genannte
Beamte Aomai (Eumaios) war, nach seinem Namen zu urteilen,
ein Grieche.   Warum der Phokaeer Hylaios sich unter den lemnischen Tyrrhenern niedergelassen hatte, obgleich die italischen
Tyrrhener die Feinde seiner Vaterstadt waren, lässt sich nicht
sicher sagen.   .

    Der aus Phokaea stammende Holaie oder Hylaios richtete
da, wo jetzt das Dorf Kaminia an der südöstlichen Seite von
Lemnos liegt, ein Heiligtum der Göttin *zerona* ein.   In diesem
Heiligtume weihte er in Verbindung mit zwei Tyrrhenern „der
vamalischen Göttin, der morinischen Zerona" einen Altar.   Wir
müssen hiernach annehmen, dass Zerona von den Tyrrhenern in
Myrina auf Lemnos bereits vor der Ankunft des Hylaios nach
einem aus Homole in Thessalien überführten Ritus verehrt wurde.
Auch bei Homole waren es wohl Tyrrhener, welche die Zerona
verehrten.   In demselben Heiligtume der Zerona, worin Holaie
der in Myrina verehrten Göttin einen Altar geweiht hatte, errichteten etwas später zwei Männer, der eine ein Tyrrhener
(dessen Vater oder Bruder an der Weihung des Altares Teil
genommen hatte), der andere ein tyrrhenisirter Grieche, ein Bild
des Sonnengottes auf dem Altare der Hephaestier.   Dass sie
dies Bild der Göttin der Alerier und der Göttin der Phokaeer
weihten, hatte gewiss darin seinen Grund, dass Holaie, der das
Heiligtum eingerichtet und dessen Altar geweiht hatte, von
Geburt ein Phokaeer war und, wie man vermuten darf, in der
phokaeischen Colonie Aleria gewohnt hatte.   Also wurde Zerona

auch in diesen Städten verehrt. Das Bild wurde auf den Altar
der Hephaestier gestellt. Dadurch wird gewiss eben der von Holaie
geweihte Altar gemeint, und wir dürfen hiernach vermuten, dass
er in Hephaestia wohnte. Der Umstand, dass das Bild des
Sonnengottes in dem Heiligtume der Zerona auf ihrem Altare
aufgestellt und ihr geweiht wird, zeigt, dass der Sonnengott der
πάρεδρος, der σύμβωμος der Zerona war, was für die Bestimmung
ihres Wesens wichtig ist. In Phokaea und in Aleria muss der
Cultus des Sonnengottes ebenfalls mit demjenigen der Zerona
verbunden gewesen sein.

Die Göttin Zerona lässt sich auch anderswo nachweisen.

In einem etruskischen Spiegelbilde ist *zirna* der Name einer
sitzenden, geflügelten Frau mit hoch aufgeputztem Haar, Ohrge-
hängen und Halsband. Sie sitzt an der Seite der *turan*, d. h.
Aphrodite, welche den *atunis*, d. h. Adonis, liebkost, und sie hält
Geräte zum Schmucke ihrer Gebieterin bereit. An ihrem Halsbande hängt das Bild eines kleinen Halbmondes. Siehe Gerhard
Etr. Sp. t. CCCXXII; Corss. I, 377. Die *zirna* ist hiedurch als
eine der Aphrodite verwandte Göttin und zugleich als Mondgöttin bezeichnet. Etr. *zirna* scheint sicher derselbe Name wie
tyrrh. *zerona*. Für das etr. *i* im Gegensatz zu dem tyrrh. *e* vergleiche man z. B. etr. *silini* = lat. *Selenius*, etr. *ziumiθe* Διομήδης.
Etr. *zirna* ohne einen Vocal zwischen *r* und *n* verhält sich zum
tyrrh. *zerona* wie etr. *petrni* zu *petruni*, *hilarnia* zu *hilarunia*,
pumpna zu *pumpuna*, *afnas'* zu *afunas'* u. s. w.; siehe De.-Müll.
II, 334—343, Pauli Altit. St. III, 52, Verf. Bezz. Beitr. XI, 56.
zirna, dessen *r* in der Zeichnung Gerhards völlig deutlich ist,
scheint somit gesichert und darf nicht mit Pauli St. V, 24 nach
sipna Gerh. XLIV und *zipz* F. 2475 in *zipna* geändert werden.

Dass die etruskische *zirna* als eine Mondgöttin bezeichnet
ist, passt trefflich dazu, dass der Sonnengott der πάρεδρος der
tyrrhenischen *zerona* war.

Ich finde ferner die lemnische Göttin *zerona* in der celtischen
Göttin *Sirona* wieder. Die Nachrichten über die letztere, welche
ich im Folgenden mitteile, sind aus einer gründlichen Abhandlung
von Charles Robert in der Revue Celt. V, 133—144 und 265—268

geschöpft. Der Name wird am öftesten *Sirona*, zweimal *Dirona*
geschrieben. *D* wechselt in celtolateinischen Inschriften mit *s*
und mit *th*. *Sirona* ist in 14 lateinischen Votiv-Inschriften aus
der Kaiserzeit genannt. Von diesen sind 10 aus den Rhein-
Gegenden, eine aus Noricum, eine aus dem lyonnesischen Gallien,
eine aus Bordeaux und eine aus Rom. Die Personen, welche
als die Weihenden genannt sind, tragen zum Teil gallische, zum
Teil römische Namen. Sirona wurde also in den Rheingegenden
und im östlichen Gallien verehrt; die Inschriften aus Bordeaux
und aus Rom, welche ihren Namen nennen, müssen von Fremd-
lingen herrühren. In 5 Inschriften ist *Sirona* mit *Apollo*, in
2 mit *Apollo Grannus* verbunden, und nach einer Inschrift
darf man annehmen, dass *Sirona* im heutigen Wiesbaden mit
Apollo Toutiorix (d. h. König des Volkes) zusammen verehrt
wurde. In 4 Inschriften, wo *Sirona* allein vorkommt, heisst sie
dea; einmal, wo sie mit Apollo Grannus verbunden ist, hat sie
das Epitheton *sancta*.

Mehrere der Sirona-Inschriften gehören zu Altären, welche
die Sirona entweder allein oder in Verbindung mit Apollo bild-
lich darstellen. Auf dem Altare von Baumburg sieht man an
der einen Seite Apollo mit der Leier, an der anderen Sirona in
langem Kleid, mit Früchten, vielleicht Trauben, in der einen
Hand, Ähren in der anderen.

Einzelne der Sirona-Inschriften sind an Orten gefunden.
welche Heilquellen haben. Für die Identität der gallischen
Sirona oder *Dirona* mit der tyrrhenischen *zerona* spricht nicht
allein die Ähnlichkeit der Namen, sondern auch der Umstand,
dass *Sirona* mit *Apollo*, wie *zerona* mit dem Sonnengotte, zusammen verehrt wurde.

Auch anderswohin dürfen wir die Spuren unserer Göttin
verfolgen. Ζήρυνθος war eine Stadt in Thrakien mit einer Höhle,
wo Aphrodite oder, wie es auch heisst, Hekate verehrt wurde.
Nach Ζήρυνθος[1]) hatte Aphrodite den Namen Ζηρυνθία. Siehe
Tzetz. schol. Lycophr. 449: Τὴν Ζηρυνθίαν] Ἐν Θράκῃ ἄντρον

---

1) Auch Ζήρινθος geschrieben, gewiss weniger richtig.

ἐστίν, ἐν ᾧ ἡ Ζηρυνϑία Ἀφροδίτη τιμᾶται. Daneben 77: Ζήρυνϑον ἄντρον] Θρᾳκικὸν σπήλαιον. Τῆς κυνοσφαγοῦς θεᾶς] τῆς Ῥέας ἢ τῆς Ἑκάτης. Suidas: Ζηρυνϑία ἡ Ἀφροδίτη καὶ Ζηρύνϑιον, καὶ Ζήρινϑον ἄντρον, ἐν ᾧ τοὺς κύνας ἔϑυον.
In Ζήρυν-ϑο-ς gehört -ϑο einem Suffixe an; vgl. gr. ἄκανϑος f. (das ἄνϑος n. gewiss nicht enthält) neben ἄκαινα; ἔλμιγς (Stamm -νϑ) neben ἕλμιγξ (Stamm -γγ), ψάμαϑος neben ψάμμος, μίνυνϑα. Der Stadtname Ζήρυνϑος scheint mir von dem Namen der Göttin, welcher tyrrh. *zerona*, gall. *sirona* lautete, abgeleitet, und vom Stadtnamen ist die Göttin wieder Ζηρυνϑία benannt. In Zerynthos wurde Apollo mit der zerynthischen Göttin zusammen verehrt. Dies folgere ich aus Liv. XXXVIII,41: *Apollinis, Zerynthium quem vocant incolae, templum.* Hiedurch wird die Identität der Zerynthia mit der gallischen Sirona und der tyrrhenischen Zerona ausser Zweifel gesetzt, denn Sirona wurde mit Apollo, Zerona mit dem Sonnengotte zusammen verehrt.

Die Göttin, welche man in der zerynthischen Höhle mit Hundeopfern verehrte, wird teils als Aphrodite, teils als Hekate bezeichnet. Man darf gewiss nicht annehmen, dass zwei verschiedene Göttinnen, Aphrodite und Hekate, in derselben Höhle verehrt wurden. Es ist vielmehr dieselbe Göttin, welche die Griechen bald mit Aphrodite, bald mit Hekate identifizirten.[1] In einem Orphischen Hymnus an Aphrodite LV (54) wird dieselbe ganz wie sonst die Hekate charakterisirt.

Hekate ist eine Mondgöttin. Sie wird mit Helios zusammengestellt; vgl. Welcker Götterlehre I, 563 f. Die Verehrung Apollos oder des Sonnengottes als des πάρεδρος der Sirona, Zerona oder Zerynthia gieng also gewiss von der Auffassung dieser Göttin als einer Mondgöttin aus. Hiermit dürfen wir es auch zusammenstellen, dass die etruskische *zirna* ein Bild des Halbmondes an ihrem Halsbande trägt. Und wie die Zerynthia als ein Name der Aphrodite betrachtet wird, so tritt *zirna* im Gefolge der *turan*, d. h. Aphrodite, auf. *zirna* und *turan* waren ursprünglich

---

[1] So z. B. auch Gerhard Griech. Myth. I, 112: „Hekate und die ihr gleichgeltende Aphrodite Zerinthia".

gewiss verschiedene Auffassungsformen derselben Göttin; allein nachdem *turan* von den Etruskern mit der griechischen Aphrodite gleichgestellt war, wurde *zirna* als eine der *turan* untergeordnete göttliche Frau betrachtet.

Hekate wurde als die Verleiherin des Segens und die Abwenderin des Unheils verehrt; sie gewährt der Jugend Gedeihen, den Heerden Wachstum. Wesentlich dieselbe Bedeutung legte man gewiss auch der gallischen Sirona bei. Robert spricht sich über das Wesen der Sirona so aus: „Si donc on doit étendre à Sirona le caractère du dieu auquel elle est six fois associée dans les inscriptions . . ., on admettra qu'elle était aussi une puissante fécondante favorisant les productions de la nature, repoussant le mal et agissant sur les eaux thermales soit comme déesse de la santé, soit comme distribuant le chaleur."

Sirona trägt in den Händen Früchte und Ähren; die dreigestaltige Hekate trug nach Eusebios auf den Scheiteln einen Korb voll von Früchten mit Loorbeerzweigen und Mohn.

Auch auf Samothrake zeigte man nach Suidas die ·zerynthische Höhle (τὸ Ζήρινθον ἄντρον), wo man Hunde opferte, und Suidas, Strabon (X p. 472) u. a. erzählen, dass die Mysterien der Hekate auf Samothrake gefeiert wurden.

Von der lemnischen *zerona* und der thrakischen Ζηρυνθία nicht verschieden scheint endlich die in einer Glosse des Hesychios genannte Göttin: Ζειρήνη · Ἀφροδίτη ἐν Μακεδονίᾳ. Gerhard wollte Ζειρήν · ἡ Ἀφρ- lesen; ich vermute Ζειρήνη · ἡ Ἀφρ-. Von Ζειρήνη scheint Ζειρηνία (in der Ausgabe Westermanns Ζειρινία), Stadt in Thrakien (Theopompos bei Steph. Byz.), jetzt *Zernitz*, abgeleitet. Allein daneben finden wir bei Steph. Byz. Ζηράνιοι, ein Volk in Thrakien, nach Theopompos, und die Landschaft Ζηρανία, nach Ephoros. In Betreff des ersten Vocales stimmt Ζηρανία, mit *zerona*, Ζειρήνη und Ζειρηνία dagegen mehr mit *Sirona* überein. Der Wechsel der Vocale der zweiten Silbe, kann vielleicht wie bei φρήν, εὔφρων, εὐφραντός erklärt werden.[1]

---

[1] Welcker Götterlehre II, 110 verbindet Ζειρήνη mit Σειρήν und mit σίρβηνον · πόπανον τι ὃ παρετίθετο τῇ Ἀφροδίτῃ Hes. Dies ist mir zweifelhaft.

Die Sage von den Lemnierinnen bezeugt, dass Aphrodite auf Lemnos verehrt wurde. Der Scholiast zu Eurip. Hek. 870 sagt, dass die Lemnier jährlich ein Fest der Aphrodite feierten. Da Zerynthia als ein Name der Aphrodite aufgefasst wurde, ist diese auf Lemnos verehrte Aphrodite von der *zerona* unserer Inschriften gewiss nicht verschieden.

Man möchte wissen, ob dort, wo das Denkmal gefunden ist, eine Höhle nachweisbar ist; denn die Vermutung liegt nahe, dass die Zerona auf Lemnos, wie die Zerynthia auf Samothrake und in Thrakien, ihr Heiligtum in einer Höhle hatte.

Wir haben also die Zerona in Lemnos, Thessalien, Phokaea, Aleria, Samothrake, Thrakien, Makedonien, Etrurien und Gallien gefunden. Dass ihr Cultus sich von den Tyrrhenern aus zu den Celten verbreitete, bezweifle ich nicht. Da *zirna* in Etrurien so wenig in den Vordergrund tritt, vermute ich, dass der Cultus der Zerona oder Sirona nicht von den italischen, sondern von den östlichen Tyrrhenern oder von Nachbarn derselben im Norden Griechenlands zu den Celten überführt worden ist.

Im Namen der Göttin *zerona*, der in gallo-lat. Inschriften gewöhnlich durch *Sirona* wiedergegeben ist, bezeichnet *z* wahrscheinlich das tönende *s*. Das *e* von *zerona* muss wegen Ζήρυνθος, Ζειρήνη als lang betrachtet werden. Der Name enthält ein Suffix, das in indogermanischen Götternamen häufig ist. Man vergleiche tyrrh. *zerona*, gallo-lat. *Sirona* mit lat. *Bellona, Pomona, Annona, Bubona, Fluviona, Mellona, Orbona* u. m.; gallo-lat. *Epona, Nemetona, Rittona* (Robert Revue Celt. IV, 142); altn. *Gefjon* (vgl. masc. *Herjann*, german. *Wodan*). Tyrrhen. *o* kann sowohl ein ursprüngliches *u* als ein ursprüngliches *o* vertreten. Des thrak. Ζήρυνθος wegen könnte man mit *zerona* eher das Suffix von *Albuna* vergleichen wollen; allein wegen der gallo-lat. Form *Sirona* scheint mir das *o* des tyrrh. *zerona* ursprünglich. Ob dasselbe lang oder kurz war, kann ich nicht sicher entscheiden. Für langes *o*, das mir wahrscheinlicher ist, sprechen lat. Formen wie *Pomōna*, für kurzes *o* gallo-lat. *Epŏna*. Der im etr. *zerona* vor *n* geschwundene Vocal

kann nach etr. Lautregeln ursprünglich sowohl lang als kurz
gewesen sein. Das Suffix von *Pomona, Bellona* findet sich in
dem etr. Namen einer Göttin G. 799 Z. 6, wenn hier Undset
richtig *culsu· pvpvnal* gelesen hat. Ich vergleiche *pvpvnal* mit
lat. *Bubona* und vermute, dass die Todesgöttin diesen Zunamen
erhalten hat, weil Ochsen als Todtenopfer dargebracht wurden.
Ob tyrrh. *zerona*, maked. Ζειρήνη, thrak. Ζήρυνϑος, Ζηρυνϑία,
etr. *zirna*, gallo-lat. *Sirona* nach der Annahme Corssens (Spr.
d. Etr. I, 368) mit gr. σείρ, Sonne, vgl. σείριος, und mit lat.
sērēnus zusammengehört, wage ich nicht zu entscheiden[1]). Wenn
auch das Stammwort vielleicht einer fremden (semitischen)
Sprache entlehnt sein sollte, ist der Name *zerona* durch sein
Suffix jedenfalls als einer indogermanischen Sprache angehörig
erwiesen.

Andererseits ist in der Verehrung der Zerona der Einfluss
des semitischen Cultus nicht zu verkennen. Wie die höchste
Göttin der semitischen Völker[2]) wurde Zerona, nach dem was
ich oben zusammengestellt habe, zugleich als Mondgöttin und
als das Prinzip aller weiblichen und irdischen Fruchtbarkeit aufgefasst. Lykophr. 958 nennt die Göttin von Eryx Zerynthia,
und in Eryx lässt sich semitischer Cultus nicht verkennen. Die
semitische Astarte wurde wie die thrakische Zerynthia von den
Griechen mit Aphrodite identifizirt. Astarte wurde mit dem
Attribut der Mondsichel dargestellt, wie die etr. *zirna* ein Bild
des Halbmondes an ihrem Halsbande trägt. Wir haben gesehen,
dass die Zerona der lemnischen Tyrrhener, die Zerynthia der
Thraker, die Sirona der Galler mit dem Sonnengotte oder Apollo
zusammen verehrt wurde. So kommt die Astarte als Königin

---

[1]) In dem Wörterb. gr. Eigennamen von Pape-Benseler wird Ζειρήνη von
ζείρη· μίτρα, ταινία, διάδημα Hes. abgeleitet. Dies ζείρη kann,
wenn nicht echt griechisch, mit είρω, lat. *sero* verwandt sein. Allein bei
Namen von Göttinnen auf *-ona* bezeichnet das Stammwort nicht den Schmuck
der Göttin, sondern dasjenige, worauf ihre Wirksamkeit gerichtet ist. Auch
das *o* von *zerona* spricht gegen die Verbindung mit ζείρη. Movers (Phöni-
zier I, 22) erklärt Ζειρήνη, Ζηρυνϑία aus dem Semitischen.

[2]) Vgl. Baudissin Astarte and Atargatis in Herzogs Realencycl. d. prot. Theol.;
Roscher Aphrodite in dem Lexik. d. gr. u. röm. Myth.

von Byblos neben Μάλκανδρος (Baal-Melqart) vor bei Plutarch
(De Is. et Osir. 15), und im alten Testamente erscheint Asch-
toreth meist als Paredros des männlichen Gottes Baal. Auch die
Asthera galt als σύμβωμος des Baal. Siehe Baudissin in Herzogs
Realencycl. I, 720, 723. Dass in unserer Inschrift ein Götterbild
bei einem den Semiten entlehnten Cultus vorkommt, ist nicht
unwichtig.

Dass die Verehrung der Zerona semitischen Einfluss voraus-
setzt, wird dadurch bestätigt, dass Hekate, worin ich eine andre
Auffassungsform derselben Göttin erkannt habe, mit den Kabiren
in Verbindung gebracht wird (Strab. X p. 472); dass aber der
Cultus der Kabiren, welcher namentlich auf Lemnos und den
anderen thrakischen Inseln Statt fand, semitischen Ursprungs
war, scheint allgemein anerkannt. Nach Bochart und Kiepert
(Lehrb. d. alt. Geogr. § 292) sind sogar die Namen Λῆμνος und
Σάμος (Θρηικίη) semitisch.

In der Verehrung der Zerona enthüllt sich uns also ein
merkwürdiger culturgeschichtlicher Zusammenhang weit getrennter
Völker und Zeiten. Eine in uralter Zeit unter den Semiten
Asiens entwickelte mythische Gestalt wird von den Tyrrhenern
der griechischen Inseln und Küstenstriche, früher, wie es scheint,
als von anderen indogermanischen Stämmen Europas, aufgenommen
und von ihnen aus wieder weit über Süd- und Mitteleuropa verbreitet. Wie die Tyrrhener, vor den Kämpfen bei Marathon
und Salamis, auf Lemnos die mit dem Sonnengotte verbundene
Zerona verehrten, so wurden noch unter den römischen Kaisern
Altäre und Bilder demselben Götterpaare von römischen Soldaten
gallischer Herkunft am Rhein und an der Mosel errichtet.

Ich habe nach sicheren geschichtlichen Voraussetzungen
angenommen, dass die hier behandelten lemnischen Inschriften in
der Sprache der tyrrhenischen Pelasger abgefasst sind. Meine
Deutung hat erwiesen, dass diese Sprache wesentlich dieselbe wie
die etruskische ist, dass sie als eine altertümliche etruskische
Mundart bezeichnet werden kann.

Ehe ich weiter gehe, muss ich einer möglichen Einwendung

entgegnen. Man könnte meinen, dass das hier behandelte
Denkmal von italischen Etruskern herrührte, welche sich auf
Lemnos angesiedelt hätten und von den tyrrhenischen Pelasgern
verschieden wären. Hierauf erwiedere ich Folgendes: Der Altar, dessen
Weihinschrift wir hier lesen, wird „der Altar der Hephaestier"
genannt, und dieser Altar wird der in Myrina verehrten
Zerona geweiht. Die Sprache, in welcher die Inschriften abgefasst sind, muss also die Sprache der Hauptbevölkerung der
Insel sein. Nun stammt das Denkmal, wie schon die Schrift
beweist, aus dem 6ten Jahrhunderte. Damals wohnten nach
den Zeugnissen der Alten die tyrrhenischen Pelasger auf
Lemnos. Die Sprache unserer Inschriften ist also die Sprache
der tyrrhenischen Pelasger. Nach Thukydides waren die tyrrhenischen Pelasger, welche auf Lemnos wohnten, dasselbe Volk wie
das in Thrakien wohnende Volk desselben Namens. Dies wird
durch unsere Inschriften bestätigt. Denn wie die *Zerona* nach
der Inschrift b in Verbindung mit dem Sonnengotte auf Lemnos
verehrt wurde, so die Zerynthia mit Apollo in Thrakien. Und
der Familienname *sialχviz*, welcher bei zwei Personen auf
unserem Denkmale vorkommt, ist mit thrakischen Namen analog
und scheint thrakischen Ursprungs. Auf Stammesgemeinschaft
der lemnischen Pelasger mit den thessalischen deutet vielleicht
der Umstand, dass die in Myrina verehrte Zerona die vamalische
Göttin genannt wird, wodurch angegeben scheint, dass ihr Cultus
aus Homole in Thessalien überführt war.

Ich bleibe also bei der Behauptung stehen, dass das Denkmal
nicht von Etruskern, die von der Hauptbevölkerung der Insel
verschieden wären, stammt. Allein eine andere Frage, die ich
im Folgenden beantworten werde, ist die, ob die pelasgischen
Tyrrhener der Insel Lemnos aus Italien stammten.

Meine Deutung hat erwiesen, dass die tyrrhenische Sprache
von Lemnos wesentlich dieselbe wie die Sprache der Etrusker war.
Ich fasse hier die sprachlichen Tatsachen unserer Inschriften, aus
welchen dies hervorgeht, kurz zusammen.

1) Im Tyrrhenischen werden ebenso wie im Etruskischen

ursprüngliche Tenues sowohl im Inlaute als im Auslaute aspirirt: *naçoϑ* aus **nepot. evisϑo, sialχviz, sialχvei*. Daneben ist das *k* unaspirirt im tyrrh. *aker* wie im etr. *akil*.

2) Entziehung des Hauches ist im tyrrh. *eptezio* eingetreten, wie in etr. *epesial, sispes* u. m. In *eptezio* ist, wie oft im Etr., auch der anlautende Hauch aufgegeben.

3) *h* ist in dem tyrrh. Lehnworte *haralio* wie in dem etr. Lehnworte *hamçiar* vorgeschoben.

4) Inlautendes *v* kommt nach einer Aspirata im tyrrh. *sialχviz* wie im Etr. vor.

5) Mit der auslautenden Consonantenverbindung *-sm* im tyrrh. *marazm* vergleiche man etr. *cemulm, tuzl, acazr, tesns', leϑms*.

6) Anlautendes *d* ist vor *i* zu *z* in tyrrh. *zivai, (ar-)zio, ziazi* wie in etr. *ziumiϑe, zivas* assibilirt.

7) Intervocales *m* ist im Tyrrh. nach einem unbetonten Vocale zu *v* in *tav, tov-* und wahrscheinlich in *ev-, mav* geworden. *τήβεννα* scheint denselben Lautwandel für das Etr. nachzuweisen.

8) Ursprüngliches ŏ ist im Tyrrh. wie im Etr. zu *a* geworden (im Tyrrh. jedoch nicht vor auslautendem *m*): *vamalasial, maraz*, vielleicht auch in *aviz, avi*.

9) Unbetontes *a*, das den Auslaut des Stammes bildete, ist im tyrrh. *arzio*, d. h. *ar-zio*, wie in etr. *mus, marmis*, ausgefallen.

10) Der tyrrh. Nominativ *naçoϑ* ist von einem masculinen *t*-Stamme ohne die Nominativendung *s* gebildet, wie etr. *zilaϑ aminϑ* u. a.

11) Die masculinen Stämme auf *-aie (-aio)* bilden im Tyrrh. wie im Etr. den Nom. sg. auf *-aie : holaie*, später *-ai : aomai*.

12) Gen. sg. fem. (zugleich, wie die Genetive überhaupt, mit dativischer Function) auf *-ial* im Tyrrh. : *vamalasial*, wie im Etr. : *falasial, meclasial*.

13) Gen. sg. fem. auf *-il* : tyrrh. *morinail*, wie etr. *acril, puil*.

14) Gen. sg. m. auf *-ale* : tyrrh. *çokiasiale*, wie etr. *larϑiale, slicale*.

15) Gen. sg. m. im Tyrrh. auf *-zi : ziazi, holaiezi*; im Etr. auf *-s'i*, südetr. *-si : aleϑnasi, hulχniesi*.

16) Locativ auf -*ϑ* im Tyrrh. : *zeronaiϑ*, wie etr. in *tarχnalϑ*
u. m.

17) Enklitische Partikel -*m* „und" im Tyrrh. wie im Etr.

18) Das Siglum eines Vornamens tyrrh. *z*; etr. *s, s'*.

19) Der Vorname wird im Tyrrh., wie im Etr., bald vor-,
bald nachgestellt.

20) Beamtentitel tyrrh. *maraz* vgl. etr. *marvas, maru*.

21) Tyrrh. *aker* verhält sich zum gleichbedeutenden etr. *akil*,
wie etr. *cver* zu (*tins'*-)*cvil*.

22) Tyrrh. *zivai* „deae", *zio* „deorum" vgl. etr. *zivas*, d. h. dis?

23) Tyrrh. *ero*-(*narom*) vgl. etr. *erus* „der Sonnengott."

24) Tyrrh. *zerona* = etr. *zirna*.

25) Tyrrh. *tiz* protonische Nebenform zum etr. *ez*.

26) Tyrrh. *ma-v* „una cum" scheint mit etr. *ma-χ* „unus"
verwandt.

27) Der Pronominalstamm *tŏ*- Fem. *tä*- wird im Tyrrh. wie
im Etr. als eigentliches Demonstrativ „dieser" angewendet.[1])

Durch die oben verzeichneten Übereinstimmungen zwischen
dem Tyrrhenischen, wie es in den lemnischen Inschriften vorliegt,
und dem Etruskischen, ist, wie mir scheint, unwiderleglich bewiesen, dass die tyrrhenische Sprache der lemnischen
Inschriften wesentlich dieselbe wie die Sprache der
in Italien gefundenen etruskischen Inschriften ist.

Die tyrrhenische Sprache der lemnischen Inschriften ist
altertümlicher als die Sprache der gewöhnlichen clusinischen und
perusinischen Inschriften. In Betreff der Altertümlichkeit steht
dieselbe ungefähr auf derselben Stufe wie die der ältesten Grab-
schriften aus Volsinii veteres und die der ältesten etruskischen Ge-
fässinschriften. Die Sprache der lemnischen Inschriften ist voll-
vocalisch. Wir finden hier keine starke Consonantenhäufungen;
nur der Auslaut von *marazm* (wo *m* wohl sonantisch ist) erinnert
an Schreibungen der späteren etr. Inschriften. So ist in *zeronai*

---

[1]) Ausserdem stimmt das Tyrrhenische mit dem Etruskischen bei vielen sprachlichen Erscheinungen überein, bei welchen auch die italischen Sprachen von
jenen nicht abweichen. Diese Übereinstimmungen führe ich im Folgenden an,
wo ich den Beweis dafür liefere, dass die tyrrhenische Sprache wie die etruskische indogermanisch ist.

gegen etr. *zirna* F. 2494 bis, in *naϕoϑ* gegen etr. *nefts* G.
799, *nefts'* F. 2033 bis E a und E b der ursprüngliche Vocal
erhalten.

Altertümlich ist ferner der Diphthong *ai*, namentlich in den
Dativformen *eeronai, eivai*, im Locative *arai*. Man vergleiche
den etr. Dativ *eerais'i* in der altertümlichen Inschrift F.
2404, wo ein Enklitikon *-s'i* angetreten scheint. Vielleicht ist etr.
ϑupitai F. 315 Dat. sg. fem.

Auch Anderes könnte man in dieser Verbindung nennen, z.
B. die Endung *-om* von *eronarom*, das *-v* von *tav, tov*, die Nominativbildung ohne *s* in *naϕoϑ*, u. s. w. *aker* scheint mir ältere Form
als etr. *akil*; *maraz* (ohne *v*) ursprünglicher als etr. *marvas*.

Für „statua" „signum" haben die etr. Inschriften ein anderes
Wort (*fleres'*) als *narom*, das hier b 2—3 sich findet.

Dass Manches, was in den lemnischen Inschriften vorkommt
(so *mav, evisϑo, tiz*), in den etr. Inschriften Italiens bisher nicht
nachgewiesen ist, mag auf lückenhafter Überlieferung des Etruskischen beruhen.

Einige Abweichungen der lemnischen Inschriften von den
etruskischen sind nur graphisch und beweisen nicht verschiedene
Aussprache. Dies gilt für das tyrrh. *z* im Gegensatz zum etr.
s' oder *s*. Im Etr. selbst wechseln *s'* und *s* mit *z* (De.-Müll. II,
431 f.; Pauli St. V, 19—25).

In den gewöhnlichen etr. Inschriften kommt *o* nicht vor; *u*
wird für ursprüngliches *u* und für ursprüngliches *o* geschrieben.
Umgekehrt findet sich *u* nicht in den lemnischen Inschriften; *o*
ist hier für ursprüngliches *o* und für ursprüngliches *u* geschrieben. Ich vermute, dass dieser Unterschied nicht allein (wenn
auch zum Teil) ein graphischer war, da das griechische Mutteral-
phabet beide Zeichen hatte, und dass die Aussprache dieser
Vocale im Tyrrhen. eine andere war als im Etruskischen. Jedoch
kann der Unterschied nicht sehr erheblich gewesen sein. Denn
dass ein *o*-Laut dem Etruskischen nicht fehlte, wird durch
frontac F. 69 (De. Fo. VI, 27) und durch *vetlcnoa* auf einer
Münze von Vetulonia erwiesen. Und dass etr. *u* in vielen Wörtern
vom lat. *o* wenig verschieden klang, erhellt daraus dass in

lateinisch geschriebenen etr. Namen und in lat. Namen, die dem
Etr. entlehnt sind, *o* oft dem etr. *u* entspricht.

Da ich das Verhältniss der tyrrhenischen Sprache, wie
dieselbe in den lemnischen Inschriften vorliegt, zur etruskischen
besprochen habe, scheint es zweckmässig, hier eine Bemerkung über
das Verhältniss der lemnischen Schrift zur etruskischen zu
machen. Beide Schriftformen gehören derselben griechischen
Hauptgruppe, der „westlichen", an, allein es scheint keine unmit-
telbare Verbindung zwischen ihnen zu bestehen. Das in den
lemnischen Inschriften angewandte Alphabet ist nicht wie das
etruskische chalkidischen Ursprungs. Es weicht von diesem
namentlich in Betreff des *l* ab, welches (von rechts nach links
geschrieben) etruskisch und chalkidisch ᛁ ist, lemnisch dagegen,
wie z. B. in den älteren Inschriften von Phokis, ᛐ.

Die tyrrhenische Sprache der lemnischen Inschriften, welche wesentlich dieselbe wie die etruskische ist, gehört dem indogermanischen Sprach-
stamme an. Dies wird nach meiner Ansicht durch die folgenden
Gründe bewiesen:

1) Als Endung des Nomin. sing. masc. erscheint in den
lemnischen Inschriften *z*, das wahrscheinlich wie ein tönendes *s* ausgesprochen wurde : *sialχviz* (neben dem Dative *sialχvei*) Name,
von einem *i*- Stamme; *aviz* (Praenomen neben dem Dative *avi*
Nomen) von einem *io*- Stamme; *maraz*, Appellativ, von einem
Stamme auf -ä, ursprünglich -ö. Dies *z* entspricht der indogerm.
Nominativendung -*s*. Von Stämmen auf -*io* sind analog die Nominativformen altlat. *Clodis*, osk. *stenis*, paelign. *alafis* u. s. w. gebildet.
Auch im Etruskischen findet sich -*s* als Nominativendung, und
zwar nicht nur bei Namen. Daneben kommen tyrrh. und etr.
Nominative sg. m. ohne -*z*, -*s* vor: tyrrh. *naφοθ* (dagegen etr.
nefts), wie ahd. *nefo*; etr. *zilaθ, aminθ* u. m., wie messap. *dazet*.
Die Nominative tyrrh. *holaie, aomai*, etr. *avile, creice* u. s. w.
sind formell Vocative (lat. *Aule* u. s. w.).

2) Dat. sg. fem. auf -*ai* tyrrh. *zivai, zeronai*, wie altlat. *Loucinai*, osk. *deivai* u. s. w. Vgl. etr. *ceχe* Dat. von *ceχa*, *ϑaure* Dat. von *ϑaura*.

3) Dat. sg. auf -*ei* tyrrh. *sialχvei*, neben dem Nomin. *sialχviz*, von einem *i*- Stamme, etr. *aritimi*, vgl. gr. πόλης, lat. *urbi*, altlat. *urbei*, osk. *futrei*, umbr. *sakre*.

4) Dat. sg. m. tyrrh. *avi*, neben dem Nomin. *aviz*, von einem Stamme auf -*io*, etr. *is'iminϑii pitinie*; vgl. umbr. *sansi, sansii, sansie*.

5) Loc. sg. fem. auf -*ai* tyrrh. *arai* wie altlat. *Romai*. In etr. *hes'ni* (zum umbr. Stamme *fesna-*), *tuϑi* (zum lat. *totus*) findet Deecke Locative sg. fem.

6) Gen. pl. masc. auf -*o* von *o*- Stämmen: tyrrh. (*ar-*)*zio*, *haralio, eptezio* wie altlat. *Romano*, umbr. *atiersio*. Im etr. *eterau* sieht Deecke einen Gen. pl.

7) Acc. sg. m. auf -*m* tyrrh. (*tov*)*eronarom*, wie im Indogermanischen. Im Etrusk. ist -*m*, -*n* als Endung des Acc. sg. und des Nom. sg. neut. namentlich in einsilbigen Pronominalformen erhalten, jedoch, wie es scheint, zuweilen auch sonst.

8) Locat. sg. auf -*ϑ* tyrrh. *zeronaiϑ*, etr. *tarχnalϑ*, etr. auch -*ϑi, -ti : tarχnalϑi, celati*, vgl. gr. οἴκοθι.

9) Abl. sg. auf -*o* tyrrh. (*cv-*)*isϑo* wie lat. *isto*. Auch im Etr. hat man Ablativformen erkannt.

10) Motion tyrrh. in *tov*(*eronarom*) Acc. sg. m. neben *tav* Acc. sg. f.; (*ar*)*zio* Gen. pl. m. neben *zivai* Dat. sg. f., wie lat. *istum* neben *istam, deum* Gen. pl. neben *deae*.

11) Das Suffix -*asie* (-*asio*) masc., -*asia* fem. in tyrrh. *vamalasial*, φ*okiasiale*, etr. *falasial, ceχasie, ceχase* u. s. w.; vgl. umbr. *plenasier*, osk. *purasiai*, lat. *viarius*, messap. *oibaliahiaihi*.

12) Das feminine Suffix -*ona* des tyrrh. *zeronai*, des etr. *pvpvnal*. Vgl. lat. *Pomona, Bellona, Bubona* u. s. w.; gallo- lat. *Nemetona, Rittona* u. m.

13) Der indogerm. Pronominalstamm *to*-, fem. *ta*- in tyrrh. *tov*(*eronarom*), *tav*, etr. *ta*.

14) Das tyrrh. Pronomen *isϑo* (wenn meine Deutung richtig ist) vgl. lat. *isto*-, umbr. *estu*-, etr.-osk. Acc. sg. fem. *estam*.

15) Die tyrrh. Präposition *em* in *evisϑo* aus * *em-isto*, etr. *in*, vgl. lat *in*, gr. ἐν u. s. w.

16) Die tyrrh. Präposition *mav* (una cum) vgl. dor. ἀμᾱ. Verwandt ist etr. *maχ* (unus), vgl. kret. ἄμαχις.

17) Tyrrh. *naϕοϑ*, nepos, etr. *nefts.* Vgl. lat. *nepos*, ahd. *nefo*, ind. *nápāt* u. s. w.

18) Tyrrh. *arai*, in ara, *arz(io)*, etr. *aras'a*; vgl. lat. *ara*, osk. Nom. pl. *aasas*, umbr. *asa.*

19) Tyrrh. *zivai* Dat. (divae, deae), *zio* Gen. pl. (deum), etr. *zivas* Dat. pl.? (dis); vgl. lat. *divus, deus*, osk. *deivai*, ind. *dêva-s* u. s. w.

20) Tyrrh. *maraz*, etr. *marvas, maru*, vgl. umbr. *maru.* Jedoch konnte das umbrische Wort dem etruskischen entlehnt sein.

21) Tyrrh. *narom* Accus. „Bildsäule" „Statue", vgl. gr. ἀνήρ, wovon das synonyme ἀνδριάς, ind. Stamm *nar-*, Nom. *nā*, wovon *nara-s*, das Schachfigur bezeichnen kann; sabino-lat. *nero.*

22) Tyrrh. *ero(narom)*, etr. *erus*, Sonnengott, vgl. umbr. *ereçlum*, kleiner Altar, *erus* „quod dis datur peractis sacris", den mars. Götternamen *erine* (Dat. m.).

23) Tyrrh. *tis* „und" „und zugleich", protonische Nebenform zum etr. *ez₋ es't.* Vgl. gr. ἔτι, lat. *et*, ind. *ati*, und wegen des *-z* vgl. lat. *abs, ex*, osk. *az*, gr. ἐξ, ἄψ, altpers. *patish*, ind. *nis* u. s. w.

24) Das Suffix *-er* vom tyrrh. *aker* (etr. *akil*) neben dem etr. Verbum *acasce* vgl. lat. *opus operis, veter* neben *vetus.*

25) Das Siglum des Praenomens tyrrh. *z*, etr. *s', s*, voll ausgeschrieben etr. *s'eϑre, seϑre*, welches Pauli zuerst mit ital. *Sertor* zusammengestellt hat.

26) Das Praenomen tyrrh. *aviz*, Dativ als Nomen *avi*, = ital. *Ovius* oder = *Avius.*

27) Die Genetivendung tyrrh. *-zi (holaiezi, ziazi)*, etr. *-s'i*, *-si (hulχniesi* u. s. w.), die, wie es scheint, der messap. Genetivendung *(i-)hi* entspricht.

Die tyrrhenische wie die etruskische Sprache steht den italischen Sprachen weit näher als dem Griechischen oder irgend einem anderen Gliede des

indogermanischen Sprachenkreises. Dies geht aus dem
Vorhergehenden hinlänglich hervor, so dass eine Zusammen-
stellung des Beweismateriales hier unnötig sein dürfte. Jedoch
scheint es mir weniger richtig, das Tyrrhenische und das Etruskische der italischen Sprachengruppe ohneweiters einzuordnen. Denn
erstens steht das Tyrrhenische wie das Etruskische bei einzelnen
Spracherscheinungen dem Griechischen oder anderen indogermanischen Sprachen näher als dem Italischen; zweitens haben
sich im Tyrrhenischen wie im Etruskischen viele Eigentümlichkeiten entwickelt, die sich in keiner anderen indogermanischen
Sprache wiederfinden. Ich stelle hier zusammen, was sich aus
den lemnischen Inschriften gegen die Bezeichnung des Tyrrhenischen als einer italischen Sprache anführen lässt:

1) Die Präposition *mav* steht dem dor. ἀμά näher als den
verwandten italischen Wörtern (*simul* u. s. w.).

2) Die Präposition *mav* wird wie gr. ἄμα mit dem Dative
verbunden.

3) Der Locativ auf -ϑ (*zeronaiϑ*) steht sowohl lautlich als
begrifflich griechischen Locativen auf -ϑι (οἴκοϑι) näher als italischen Formen.[1])

4) Die masculine Nominativbildung *naϙoϑ* ohne *s* ist von
den italischen Sprachen aufgegeben, während das Messapische
masculine Nominative auf *t* hat[2]).

5) Die in *naϙoϑ*, *evisϑo*, *sialχviz* hervortretende Aspiration
hat in den celtischen Sprachen nähere Analogie als in den
italischen.

6) Dasselbe gilt von dem aus *m* entstandenen *v* in *tav arzio*,
toveronarom, evisϑo, mav.

---

[1]) Ich habe an eine andere Verbindung gedacht, nämlich dass die tyrrh. und etr.
Formen auf-ϑ den altlat. Ablativformen auf -d entsprächen, und dass die etr.
Formen auf -ϑi aus der Ablativendung -d mit der Postposition -in zu
erklären wären. Allein hiergegen spricht die erhaltene Casusendung in zeronaiϑ, während das d in ev-isϑo abgefallen ist. Auch wäre es schwer
zu erklären, warum der lange Vocal vor dem ablativischen -ϑ herausgedrängt
wäre.

[2]) Ich führe hier nicht an, dass der Stamm von zeronaiϑ wie Ἡραῖον und
der Stamm von morinail wie Κυϙηναῖος gebildet ist; denn diese Übereinstimmung kann auf Entlehnung beruhen.

7) Die Genetive auf *-zi* (*holaiezi, ziazi*) haben im Italischen keine Analogie, entsprechen dagegen, wie es scheint, messapischen Genetiven auf *-hi.*

8) Die Genetive *vamalasial, morinail, ϙokiasiale* sind dem Tyrrheno-Etruskischen eigentümlich.

Am richtigsten ist daher nach meiner Ansicht das Tyrrhenische mit dem Etruskischen als ein eigenes Glied der indogermanischen Sprachenfamilie zu betrachten, allein dies Glied steht im ganzen zu den italischen Sprachen in der nächsten verwandtschaftlichen Beziehung.

Die Sprache der lemnischen Inschriften und die Sprache der etruskischen Inschriften Italiens fassen wir am besten unter dem Namen „das Tyrrhenische" zusammen.

Aus dem Verhältniss der lemnischen Sprache zu der etruskischen und aus dem Auftreten einer und derselben tyrrhenischen Sprache einerseits auf Lemnos, andererseits in Italien sind mehrere wichtige Folgerungen zu ziehen.

1. Da ich die tyrrhenische Sprache der lemnischen Inschriften im Vorhergehenden als eine altertümliche etruskische Mundart nachgewiesen habe, so ist damit zugleich dargetan, dass die Etrusker oder Tyrrhener Italiens dasselbe Volk wie die tyrrhenischen Pelasger von Lemnos waren[1]).

2. Wir haben allen Grund anzunehmen, dass die tyrrhenische Sprache, welche wir aus lemnischen und italischen Inschriften kennen lernen, die Ursprache der Tyrrhener war, denn die eigentümliche Entwickelung derselben im Gegensatz zu allen verwandten Sprachen verbietet die Annahme, das diese Sprache von irgend einem Nachbarvolke übertragen sei. Die Folgerungen, welche für die tyrrhenische Sprache gewonnen werden, sind

---

[1]) Dass die italischen Tyrrhener von den griechischen nicht verschieden waren, nehmen von den Neueren u. a. Lepsius und, bei einer anderen Auffassung des etruskischen Volkes, K. O. Müller an. Neuerdings hat P. O. Schjött („Etruskernes herkomst" in „Nyt Tidsskrift", Kristiania 1886, S. 35 ff.) mit wesentlich denselben Gründen wie K. O. Müller die Identität der westlichen und östlichen Tyrrhener behauptet.

daher auch für das Volk der Tyrrhener, dessen Umfang ich jedoch nicht bestimme, bindend.

Die von den Etruskern nicht verschiedenen Tyrrhener waren also ein indogermanisches, den Italikern am nächsten verwandtes Volk. Sie schwärmten in alter Zeit auf dem griechischen Meere und an den Küsten desselben weit umher und kamen vielfach mit asiatischen, semitischen Völkern in Berührung, allein die tyrrhenisch-etruskische Sprache beweist unwiderleglich, dass man die Tyrrhener oder Etrusker nicht als ein in eigentlichem Sinne morgenländisches Volk betrachten darf. Dieselben waren nicht Asiaten, wenn die Sprache auch nicht die Annahme verbietet, dass sie sich zum Teil an der asiatischen Küste niedergelassen haben können. Sie waren weder Semiten noch Mongolen, sondern indogermanischer Herkunft[1]. Auch nicht in dem Sinne können die Tyrrhener als ein morgenländisches Volk bezeichnet werden, dass sie aus Lydien als die letzten der Indogermanen nach Europa gelangt sein sollten. Eine solche Auffassung liesse sich mit dem entschieden europäischen Charakter der tyrrhenischen Sprache und der nahen Verwandtschaft derselben mit dem Italischen nicht vereinigen.

3. Die Sprache der lemnischen Inschriften steht der etruskischen Sprache Italiens entschieden näher, als es bei so weiter Entfernung zu erwarten wäre, wenn die Übereinstimmung nur auf alter Stammesgemeinschaft beruhte. Mehrere der in beiden Sprachformen hervortretenden Erscheinungen gehören einer weit vorgeschrittenen Entwickelung der Sprache an. Dies nahe

---

[1] Neuerdings hat Centerwall (in Nordisk Tidsskrift utgifven af Letterstedtska Föreningen 1886) die Etrusker als ein rein orientalisches Volk bezeichnet, dessen ursprüngliche Heimat er in Hochasien sucht. P. O. Schjött (ang. Abh.) sieht in den Etruskern ein rein asiatisches Volk, dessen Heimat er nach der Erzählung Herodots in Lydien findet. „Der Gedanke wird", bemerkt er, „zunächst auf die Hittiten hingeführt." Er vermutet in den *Rutennu* der ägyptischen Denkmäler, welche nach Chabas den Assyriern und Babyloniern entsprechen, die Stammväter der griechischen Tyrrhener und der italischen Etrusker, der *Rasennae*. Dies Alles wird durch die Sprache der Tyrrhener und der Etrusker widerlegt.

Verhältniss zu dem Etruskischen macht die Annahme notwendig,
dass noch im 6ten Jahrhunderte, aus welchem das lemnische
Denkmal stammt, Verbindungen zwischen den italischen und den
griechischen Tyrrhenern Statt fanden, dass diese Stämme nicht
nur éiner Wurzel entsprungen waren, sondern dass sie noch im
6ten Jahrhunderte, obgleich an weit von einander getrennten Orten
sesshaft, ein und dasselbe Volk bildeten.

4. Wie ist nun das Verhältniss dieser Stämme zu einander
historisch aufzufassen? Diese Frage lässt sich nicht durch die
Sprache allein beantworten, und ich gehe hier absichtlich allen
Fragen aus dem Wege, zu deren Beantwortung die Inschriften
und die sprachlichen Verhältnisse derselben nichts beitragen. Wenn
jemand eine gemeinschaftliche Heimat der italischen und der
griechischen Tyrrhener etwa im Norden Griechenlands annähme,
würde dies, wie schon gesagt, zur Erklärung der grossen Ähnlichkeit der lemnischen Sprache mit der ältesten uns bekannten
etruskischen nicht genügen. Die Wege, welche die griechischen
Tyrrhener mit den italischen verbinden, führen also, wenn ich
mich nicht irre, über die weite See hin zu einer Zeit, als die
tyrrhenische Eigentümlichkeit in Sprache und Cultur bereits
unverkennbar entwickelt ist. Wir stehen, meine ich, vor den
folgenden Alternativen: Entweder stammt das etruskische Volk
Italiens von griechischen Tyrrhenern, die sich auf ihren Schiffen
nach dem westlichen Meere hinauswagten und in Etrurien eine
neue Heimat fanden, oder aber die griechischen Tyrrhener sind
etruskische Seefahrer, die aus Italien gekommen sich auf Inseln
und an Küsten des griechischen Meeres festgesetzt haben, ohne
jedoch ihre Verbindungen mit dem Mutterlande völlig aufzugeben.

Wenn wir zwischen diesen Alternativen zu wählen haben,
wird uns eine nähere Überlegung lehren, dass das erste unstatt-
haft ist.

Schon in den ältesten Zeiten, von denen die schriftlichen
Berichte erzählen, scheinen die Etrusker Italiens als ein nicht
nur zur See sondern auch zu Lande mächtiges, in zahlreicher
Menge zusammenwohnendes und dabei weit verbreitetes Volk
aufzutreten. Die griechischen Tyrrhener hausten dagegen nach

den in den Schriften der Alten zerstreuten Nachrichten in vielen
von einander getrennten Schwärmen vorzugsweise auf Vorge-
birgen, Inseln und an Küstenstrichen, ohne, wie es scheint, von
einem griechischen Binnenlande auszugehen. Allein in solchen
Schwärmen kann man den Ursprung jenes sesshaften Volkes
schwerlich suchen. Auch darf man gewiss nicht das erste Auftreten der Etrusker in Italien in so späte Zeit verlegen, wie
man dies täte, wenn man sich das Volk schon lange Zeit vor
seiner Einwanderung durch überseeischen Verkehr beeinflusst
vorstellen würde. Endlich wäre, wenn man die italischen Tyrrhener
von den griechischen herleitete, die grosse Ähnlichkeit der lemnischen Sprache mit der der ältesten etruskischen Inschriften sehr
auffallend, weil das einigende Band, welches die Sprache der
getrennten Stämme zusammenhalten könnte, dann fehlte. Diese
Ähnlichkeit setzt ein Culturcentrum voraus, wo der Hauptteil des
Volkes zusammen wohnte und von wo aus derselbe auf die getrennten Stämme zusammenhaltend wirkte.

Nach dem hier entwickelten scheint mir also nur eine Auffassung möglich.

Die lemnischen Tyrrhener und andere griechische
Tyrrhener, welche mit diesen zusammengehören, sind aus Etrurien, wie die Wikinger des Mittelalters aus Scandinavien, her-
ausgeflogen.[1)]

Thukydides sagt, dass die tyrrhenischen Pelasger, welche
noch zu seiner Zeit am Athos wohnten, demselben Volke an-
gehörten wie die, welche früher auf Lemnos und in Attika gewohnt hatten. Auch die lemnischen Inschriften sprechen, wie
ich dies im Vorhergehenden begründet habe, durch den Cultus
der mit Zerynthia identischen Zerona und durch den Namen
Sialchviz für Verbindungen zwischen Thrakien und Lemnos.

Pelasger-Tyrrhener erscheinen bei den Alten nicht nur auf

[1)] Ich hätte daher im Vorhergehenden (S. 12 bei ναφοθ und S. 13 f.) für die
wegen des ganzen Charakters der Sprache, wie mir scheint, unzweifelhafte
Ursprünglichkeit etruskischer Wörter und Casusformen nicht das Vorkommen
derselben bei den östlichen Tyrrhenern als ein entscheidendes Moment her-
vorheben sollen.

Lemnos, am Athos und in Attika, sondern auch an vielen anderen
Punkten am aegaeischen Meere,[1] u. a. an der lydischen und
karischen Küste, und die Thalassokratie dieser Pelasger-Tyrrhener im aegaeischen Meere wird in sehr alte Zeiten verlegt.
Auf die schwierigen Fragen, ob alle diese Schwärme demselben
Volke angehören und zu welcher Zeit sie zuerst auftreten,
gehe ich hier nicht ein, da die sprachlichen Verhältnisse kaum
einen nennenswerten Beitrag zu der Beantwortung derselben
geben.

5. Obgleich das lemnische Denkmal bereits aus dem 6ten Jahrhunderte stammt, zeigt die tyrrhenische Sprache desselben mehrere
zugleich im Etruskischen vorkommende Eigentümlichkeiten,
welche dieselbe von dem ursprünglichen indogermanischen Typus
weit entfernen. So die Genetivformen auf -*ale, -al, -il*. Starke
Änderungen der ursprünglichen Consonanten sind hier bereits
eingetreten: Assibilation, Aspiration, Übergang eines inlautenden
m in *v*. In den späteren etruskischen Inschriften hat die Sprache
einen im Vergleich mit den anderen altindogermanischen Sprachen
noch mehr fremdartigen, fast modernen Charakter erhalten.
Dieser Charakter hat mich früher zu den folgenden Bemerkungen
veranlasst: „Es kommt mir vor, als ob die Etrusker auf einer
frühen Stufe ihres geschichtlichen Daseins einem überwältigenden
Einfluss cultivirter Nachbarvölker ausgesetzt worden seien" (Beiträge z. Erforsch. d. etr. Spr. I. S. XI). Jetzt erklärt sich
diese eigentümliche Entwickelung der tyrrhenisch-etruskischen
Sprache am natürlichsten daraus, dass die Tyrrhener weit früher
als ihre italischen Nachbarstämme umherschwärmten, wo sie sich
mit alten Culturvölkern vielfach berühren mussten. In kleineren,
weit von einander getrennten Haufen besetzten die Tyrrhener
Inseln und Küstenstriche, wo sie zum Teil neben Hellenern
wohnten. Allein auf den thrakischen Inseln und sonst vielfach
im Osten und Westen stossen sie zugleich mit grundverschiede-
nen, namentlich semitischen Stämmen zusammen, deren vielseitig
ausgebildete Cultur und seit alter Zeit eigentümlich entwickelten

---

[1] Siehe Müll.-De. Etr. I, 78.

religiösen Vorstellungen auf die Tyrrhener einen dauernden Einfluss übten. Unter diesen Verhältnissen musste die tyrrhenische Sprache rascher, als bei einem ruhigen und fest geschlossenen Leben des Volkes der Fall wäre, sich von den Sprachen der nächsten Verwandten entfernen und in einer eigentümlicheren Entwickelung fortleben. Wie die nordischen Sprachen sich nach dem Eintreten der Wikingerzüge auffallend rasch von den anderen germanischen Sprachen entfernt und damals zuerst ihre volle Individualität entfaltet haben, so erklärt sich der eigentümliche Charakter der etruskischen Sprache hauptsächlich aus dem in früher Zeit eingetretenen bewegten Leben des tyrrhenischen Volkes.

6. Die Sprache der Lemnier und gewiss auch anderer am griechischen Meere wohnenden Tyrrhener war also aus der etruskischen Sprache Italiens hervorgegangen, bildete mit dieser ein eigenes Glied des indogermanischen Sprachenkreises, welches den im engeren Sinne italischen Sprachen am nächsten stand und dessen eigentümliche Entwickelung hauptsächlich aus dem seit alter Zeit stark bewegten Leben des etruskischen Volkes zu erklären ist.

Die Etrusker sind nicht ein Mischvolk, wie K. O. Müller meinte, in Italien durch die Vereinigung der aus dem Osten einwandernden pelasgischen Tyrrhener mit den im nördlichen Apennin sitzenden, den übrigen italischen Völkern fern stehenden Rasenern entstanden. Die etruskische Sprache Italiens ist auch nicht, wie Lepsius meinte, eine Mischsprache, welche in Italien dadurch entstand, dass die pelasgische, der hellenischen am nächsten verwandte Sprache der tyrrhenischen Eroberer durch die Sprache der unterdrückten Umbrer zerstört wurde. Hiermit soll der Einfluss der umbrischen Sprache auf die etruskische nicht geleugnet werden. Allein das Etruskische scheint umgekehrt auf das Umbrische stärker gewirkt zu haben. Hierdurch erklärt sich die Tatsache, dass das Umbrische im Vergleich mit der etymologisch durchsichtigen und harmonischen Sprache der Samniter wenig altertümlich und fest, zum Teil fast verwildert ist: viele Consonanten, die das Oskische im Auslaute erhalten hat,

sind im Umbr. abgefallen oder schwankend; namentlich bei den
Consonanten sind starke Lautänderungen eingetreten, welche zum
Teil den anderen italischen Sprachen fremd sind, allein sich im
Etruskischen wiederfinden.

7. Das Licht, welches von dem lemnischen Denkmale auf
die etruskische Sprache fällt, berührt nach der oben gegebenen
Darlegung nicht unmittelbar die Frage von der Einwanderung
der Etrusker in Italien. Allein wenn die etruskische oder tyrrhenische Sprache sich als den italischen am nächsten verwandt
erweist, jedoch so, dass dieselbe sich hie und da näher mit dem
Griechischen berührt, zuweilen auch mit dem Messapischen, dem
Celtischen oder, wie ich anderswo angedeutet habe, mit den
slavo-baltischen Sprachen, dann gestattet dies kaum eine andere
Annahme, als dass die Etrusker, noch nicht zu einem Cultur-
volke entwickelt, aus dem Nordosten in Etrurien eingewandert
sind.

8. Die Tyrrhener, welche Lemnos bewohnten, wurden
von den Alten als Pelasger bezeichnet. Unsere lemnischen
Inschriften sind also pelasgisch. Zum ersten Male wirft hier
die Sprache ihr helles Licht auf das rätselhafte Volk der Pelasger.
Die lemnischen Pelasger waren also nicht, wie man sie in
neuerer Zeit[1] bezeichnet hat, „gut griechische Pelasgioten."
Ihre Sprache war vielmehr von der hellenischen so verschieden,
dass Thukydides dieselbe mit vollem Recht als barbarisch bezeichnet. Gleichwohl gehörten sie mit den Italikern und den
Hellenen zu derselben grossen europäischen Völkerfamilie. Damit
ist die Ansicht, wonach sämmtliche Pelasger Semiten gewesen
sein sollen, als irrig nachgewiesen.

Da die lemnischen Tyrrhener, welche von den Etruskern nicht
wesentlich verschieden waren, von den Alten als „Pelasger" bezeichnet wurden und da „Pelasger" Nordgriechenland in ihrer ganzen
Breite einnahmen[2], könnte jemand darnach die Heimat der
Etrusker vor ihrer Wanderung nach Italien in die Nachbarschaft

---

[1]) Duncker Geschichte des Altertums VII (1882) S. 66.
[2]) Vgl. Lepsius „Über die tyrrh. Pelasger" S. 7.

dieser nordgriechischen Pelasger verlegen wollen. Allein die Grundlage einer solchen Annahme würde mir sehr unzuverlässig vorkommen, da es sich nicht verbürgen lässt, dass der Name „Pelasger" bei den Alten überall denselben ethnographischen Begriff bezeichnet.

Nachschrift.

Mein in der Sitzung am 2ten April gehaltener Vortrag war nicht zum Druck ausgearbeitet, woraus es sich erklärt, dass meine Abhandlung, wie sie hier vorliegt, von jenem vielfach abweicht, obgleich die Bestimmung der Sprache der Inschriften und die wesentliche Deutung derselben unverändert geblieben ist.

Abkürzungen.

F. = Fabretti: Corpus Inscriptionum Italicarum.

F. Spl. I, II, III = Fabretti: Primo, Secondo, Terzo Supplemento.

G. oder G. App. = Gamurrini: Appendice.

Cors. = Corssen: Über die Sprache der Etrusker.

Müll. = Die Etrusker von K. O. Müller. Neu bearbeitet von W. Deecke.

De. = Deecke.

De. Fo. = Etruskische Forschungen von W. Deecke (I—VII).

Pa. St. = Etruskische Studien von Carl Pauli (I—V).

Pa. Altit. St. = Altitalische Studien von Carl Pauli.

Verf. Beitr. = Beiträge zur Erforschung der etruskischen Sprache von S. Bugge.
Erste Sammlung (4tes Heft der Etruskischen Forschungen und Studien).

Bezz. Beitr. = Beiträge zur Kunde der indogermanischen Sprachen herausgeg.
von A. Bezzenberger.

Rh. M. = Rheinisches Museum, Neue Folge.

Magl. = Die Bleiplatte von Magliano.

Gedruckt 8. V. 1886.